Ye

14270

L'ANTI-URANIE,

OU

LE DÉÏSME

COMPARÉ

AU CHRISTIANISME,

ÉPITRES A M. DE VOLTAIRE,

Suivies de Réflexions critiques fur plufieurs
Ouvrages de ce célebre Auteur ;

PAR L. P. B. C.

A AVIGNON;

Et fe trouve A PARIS,

Chez
- La Veuve VALLEYRE, Libraire, à l'entrée du Quai de Gefvres, par le Pont-au-Change, à la Nouveauté.
- CAILLEAU, Libraire, rue S. Jacques, près les Mathurins, à S. André.

M. DCC. LXIII.

L'ANTI-URANIE,

OU

LE DÉÏSME

COMPARÉ

AU CHRISTIANISME.

L'ÉPITRE à Uranie annonce le Déïsme. Je demande à l'Auteur de me permettre de faire avec lui l'examen de son syſtême.

Si je voulois faire triompher le Déïſme du Chriſtianiſme, je démontrerois que la nature & la raiſon ſont les ſeuls guides qui puiſſent nous mener à la vertu & à la vérité ; que le cœur & l'eſprit de l'homme ne doivent ad-

A ij

mettre ni loi gênante, ni myftere. Un fyftême
de cette efpece mis au jour par un génie
brillant & nerveux pourroit entraîner les fuf-
frages.

Un Déïfte qui ne quitte la Religion Chrétienne que parce qu'il ne voit pas clair, doit
voir clair lui-même, & par la lumiere la
plus vive, diffiper le nuage qui couvre nos
yeux. Il doit trouver le remede pour guérir
la nature dont l'homme expérimente la foibleffe, & faire éclater la vérité dans les ombres du menfonge qui enveloppent la raifon. Un aveugle qui raille un borgne, eft un
fou qui ajoute le ridicule à la folie.

Le Chrétien, il eft vrai, ne voit qu'à demi;
mais le Chrétien, après m'avoir prouvé la
néceffité de la révélation, fans laquelle l'homme tombera néceffairement dans l'Athéïfme,
puifqu'il ne peut expliquer fon état fous l'empire d'un Dieu fage & jufte; il me démontre
par des faits dont l'Univers eft le témoin,
l'accompliffement des Prophéties, & par conféquent que Dieu s'eft révélé aux hommes:
tels font les appuis inébranlables de fa foi.

Mais le Déïfte, avec la révélation de la

Nature, eſt un inſenſé, qui, les yeux chargés du plus épais bandeau, ne me parle que de la beauté du grand jour, qu'il ne voit point & qu'il ne me montre point.

S'il n'a que la raiſon pour appui, avec la ſagacité des plus profonds & des plus habiles eſprits, je lui donne un million de ſiécles pour me démontrer les myſteres qu'il admet; myſteres d'autant plus incroyables pour lui, qu'il faut pour les croire la révélation des Chrétiens qu'il rejette.

Je demande au Déïſte, que par la raiſon ſeule il prouve nettement la création de la matiere ? Qu'il confonde avec énergie cet antique axiome des Philoſophes, *de rien on ne fait rien.*

Si le Déïſte ne ſe ſert pas des armes du Chrétien, *Spinoſa* a raiſon. Je prie le Déïſte d'y penſer.

Un Matérialiſte un jour me diſoit qu'un Déïſte étoit une eſpece d'hommes qui n'avoit pas aſſez de foibleſſe pour être Chrétien, ni aſſez de courage pour être Athée. Je ſuis bien éloigné de penſer comme lui; mais le Déïſte ne parle que d'évidence; j'ai donc droit d'exi-

ger qu'il me montre évidemment que la na-
ture & la raison fuffifent pour établir une
Religion qui me lie à l'Être fuprême, que
lui-même ne connoît point du tout, comme
M. *de Voltaire* en convient dans fa Religion
Naturelle. Il faut qu'il me faffe démêler in-
faïlliblement par la force de la raifon, fi cet
Être eft efprit ou matiere, ou tous les deux
enfemble, & qu'il renverfe le fyftême du
Matérialifte.

Après ces démonftrations qu'il ne peut refu-
fer au Spinofifte, il faut qu'il prouve encore
que la nature qui nous a corrompus en fuivant fes penchans, & que la raifon qui, pendant quarante fiécles, n'a pu chaffer l'erreur
de la terre, font les feuls oracles que nous
devons écouter & fuivre.

Le Déïfte reconnoît vice & vertu, punition
& récompenfe; par conféquent amour & haine en Dieu, liberté dans l'homme & l'immortalité de l'ame; que de myfteres!

Tous ces principes fuppofent qu'il y a
dans l'homme un mal à punir. Il faut donc
que le Déïfte montre l'origine de ce mal, &
le reméde à ce mal. Pourra-t-il jamais fortir

de ces abyſmes impénétrables par les efforts de la ſeule raiſon ?

Qu'il aille donc prouver ſans réplique à *Hobbès* & à *Spinoſa*, qu'il y a dans l'homme une liberté proprement dite, & que la né-ceſſité n'eſt pas la loi immuable du premier Être & de tous les êtres.

Qu'il s'efforce par des argumens vainqueurs de leur faire voir que le bien & le mal ne ſont pas des préjugés de l'homme réuni en ſociété depuis quelques milliers d'années, & ſoumis à la loi du plus fort ; que le mal irrite Dieu, & qu'il s'occupe à recevoir l'encens de nos vertus qu'il couronnera dans l'éclat de ſa gloire.

Que le Déïſte ſur-tout étale les démonſtra-tions évidentes des punitions paſſageres après la mort, puiſqu'il ne veut point de vengean-ce éternelle ; ſans doute, qu'il a une révéla-tion émanée du conſeil de Dieu même, qui l'inſtruit infailliblement de la meſure des cri-mes & des punitions que Dieu a réſolu d'en tirer.

Pour l'honneur du Déïſme, M. *de Voltaire* doit au moins prouver au Sieur *de la Métrie*

que l'eſprit de l'homme eſt immortel. Pourquoi le Déïſte, vainement occupé à combattre
le Chrétien, n'établit – il pas d'une maniere
triomphante les dogmes qu'il annonce , en
repouſſant les attaques de ces hommes , qui
ne croyent ni l'une ni l'autre de ces Religions ?
mais loin de contribuer ainſi à la victoire de
la vérité , le Déïſte animé contre le Chrétien
eſt auſſi mépriſable aux yeux d'un Matérialiſte
flegmatique, qu'un bon homme Luthérien qui
aimeroit mieux donner gain de cauſe au Pape
qu'à Calvin.

Eſt-ce le génie qui manque à ces hommes
qui prétendent inſtruire clairement les eſprits
& les cœurs ? Qu'ils dédaignent moins leurs
adverſaires , & qu'ils détruiſent ſans reſſource
les difficultés qu'on leur oppoſe , en démon-
trant avec force les myſteres qu'ils ont la bonté
de croire !

Voilà donc le Déïſte lui-même ſur la dé-
fenſive ; tantôt pour ſoutenir ſes dogmes, forcé de recourir aux armes du Chrétien qu'il
mépriſe , & tantôt précipité dans les abyſmes
de *Spinoſa* qu'il traite d'imbécile , mais qu'il
ne peut convaincre des myſteres dont je viens
de parler ſans la révélation.

Le Déïſte, vis-à-vis du Spinoſiſte, ſe trouve dans des poſitions ſi délicates, qu'il eſt bien difficile, qu'affeĉtant l'indépendance & la liberté de penſer, comme il fait, ſous l'empire de la ſeule raiſon, tôt ou tard le Matérialiſte ne l'aviliſſe pas, & ne l'emporte pas ſur lui.

Que les motifs que je propoſe ici au Déïſte ſont puiſſans pour l'engager à ſoutenir ſes principes avec ce ton de maître, qui n'en impoſe que trop ſouvent à la multitude, trop légere pour être attentive, & trop pareſſeuſe pour s'inſtruire!

M. *de Voltaire* ſe moque d'un Moine qui croit le Purgatoire, & lui-même en fait un dogme du Déïſme. Il ne reconnoît que des peines paſſageres après la mort des coupables. Eſt-ce là raiſonner avec autant de force & de juſteſſe, qu'il a de graces dans le langage? Il eſt étonnant que dans ce ſiécle, où l'on ſe pique de philoſophie & de jugement ſolide, il y en ait ſi peu. En voici un exemple qui m'a frappé.

Un jour un homme qui n'étoit pas Chrétien, & qui parloit avec empire, m'interro-

geoit ; il argumentoit, il me preffoit. Parlez;
me dit-il ; répondez ? . . . . ma tête eft pleine
de vérités, qu'un homme comme vous ne connoît point.

Ami, lui dis-je, fouffrez pour un moment
que je quitte avec vous ce que vous appellez
préjugé. Mon ame eft une table rafe fur laquelle vous pouvez graver la vérité. Je ne
vous demande que la permiffion de vous pro-
pofer modeftement la répugnance que je ref-
fentirai des empreintes qui pourroient me révolter.

Je ne fuis pas Chrétien, me dit-il, & j'ai
des raifons effentielles pour ne pas l'être : ce
qui me détermine à ce parti, c'eft que le
Chriftianifme accable mon efprit d'incompré-
henfibilités, & mon cœur de loix impratica-
bles.

Mais quel fentiment, lui dis-je, adoptez-
vous ? J'étois Déïfte jadis ; mais à quelques
myfteres près. Le Déïfte peu différent du Chrétien, ne m'a pas plu. L'un & l'autre reffem-
blent aux Chevaux qui traînerent dans cinq
cents chariots le Coloffe de Rhodes, ou, fi
vous voulez, le Dieu que j'ai renverfé. Seriez-

vous donc Athée, ajoutai-je ? Non, me dit-il· Je ne m'en donne pas la peine. Je laisse ce soin aux Spinosistes qui ne parlent de Dieu que comme les Alchymistes du grand Œuvre. Mais enfin, pourrois-je apprendre le but que vous vous proposez ? Aucun, me dit-il. Je m'amuse de tout ; je ris de tout. Pour penser juste, l'ami, ajouta-t-il, voilà comme il faut penser.

Je rompis la conversation. Voilà donc, me disois-je à moi-même en le quittant, où vont enfin se précipiter ces génies qui se croyent faits pour instruire les hommes ? C'est ainsi que d'égaremens en égaremens, ils perdent les premieres notions de la raison. Voilà où va aboutir nécessairement la consécution des principes qu'affecte l'incrédule : il prend un parti, il le quitte, & finit par ne s'en tenir à rien.

Mais passons des dogmes du Déïste, à sa morale. Suivez, dit-il, la nature modérée par la raison.

Il fait donc l'aveu de la foiblesse & de l'aveuglement de la nature, puisque lui-même lui donne une maîtresse dont elle a besoin

pour ne pas fe livrer à fes penchans pervers ;
& une légiflature affez fage, à ce qu'il croit,
pour réprimer les paffions fougueufes, dont
elle eft la mere. Il ne s'agit plus que d'examiner fi la raifon fuffit à ce triomphe.

La nature, dit *Horace*, ne peut diftinguer
le jufte de l'injufte :

Nec natura poteft, jufto fecernere iniquum.

Lib. I. Sat. 3.

C'eft un Payen défintéreffé, qui après la
longue épreuve des hommes, s'exprime ainfi.
Les hommes cependant qui l'avoient précédé
avoient la raifon en partage. Pourquoi ce Romain ignoroit-il le moyen facile du Déïfte
pour éclairer & corriger la nature ? Pourquoi
nous donne-t-il comme une maxime évidente,
que la nature, aveugle par elle-même, ne
peut diftinguer le bien du mal ? Pourquoi,
dans un autre endroit, fe plaît-il à nous montrer l'impuiffance de la raifon à réprimer la
nature ?

Naturam expellas furcâ tamen ufque recurret.

La fourche à la main repouffez la nature ;

elle reviendra toujours ſur vous avec plus de vigueur pour vous déſarmer.

Il n'y a point d'homme , qui ne faſſe les épreuves d'*Horace*. Le ſentiment intime que nous en avons , eſt la plus puiſſante des démonſtrations. Les égaremens de l'eſprit & du cœur compoſent l'Hiſtoire du genre humain , & ne prouvent que trop évidemment l'inſuffiſance de la nature & de la raiſon , pour nous conduire à la vertu & à la vérité. Au milieu des vents impétueux des paſſions , au milieu de la nuit profonde de l'erreur , que deviendra le foible flambeau de la raiſon ? Il s'éteindra bientôt , & l'homme tout à la fois aveugle & chargé des chaînes du vice , tombera dans l'état le plus déplorable.

Socrate , le plus ſage des Grecs , *Socrate* le défenſeur de la Divinité , étoit livré au vice que l'on reproche à *Alcibiade. Diogène* , ſous le portique , faiſoit rougir les Athéniens.

Si les ſages admettoient une vertu, ils canoniſoient un vice. *Cicéron* , qui le croiroit , dans ſon diſcours pour *Cælius* , regarde la fornication comme une action indifférente. *Caton* n'en détournoit pas la jeuneſſe. *Conſ_*

tance & *Conſtantin* furent les premiers Princes qui défendirent ce crime par des Loix.

C'étoit une dévotion d'aſſiſter aux Comé-
dies les plus infâmes d'*Ariſtophane*. On ne
peut lire, ſans rougir, les *Métamorphoſes*
d'Apulée.

Platon, dans ſa République, ordonne de
s'enyvrer aux fêtes de Bacchus. Il régle froi-
dement les combats des hommes avec des
femmes nues.

Ariſtote fut décrié pour ſes mœurs. Le vieux
Caton, dit *Horace,* s'enyvroit ſouvent pour
réchauffer ſa vertu :

> *Narratur & priſci Catonis*
> *Sæpè mero Calviſſe virtus.*

Séneque, Précepteur de *Néron,* ne parloit
que du mépris des richeſſes ; il étoit le plus
riche & le plus avare des Romains. *Cicéron,*
dans le premier Livre *de la Nature des*
Dieux, convient que les Philoſophes, non-
ſeulement enſeignoient une Morale corruptri-
ce, mais qu'ils la pratiquoient.

Mais ſi la raiſon n'a pu triompher des cœurs
& des inclinations perverſes de la nature, a-

t-elle pu , au moins , éclairer les esprits ? non. *Cicéron* , qui méprisoit les Dieux , eut la foiblesse d'encenser une statue de Minerve. *Séneque* veut que l'on trahisse la vérité , & que l'on observe les cérémonies superstitieuses.

Aux yeux de *Socrate* & de *Platon* , l'immortalité de l'ame étoit un problême dont ils n'étoient pas trop persuadés. Les plus grands génies n'étoient pas plus fermes qu'eux dans la connoissance de Dieu.

Cicéron , dans sa dispute sur *la Nature des Dieux* , regarde cette question comme la plus épineuse & la plus difficile de toutes.

Crésus demanda à *Théclas* , s'il y avoit un Dieu ? Ce Philosophe chancelant lui demanda du temps pour répondre. *Lucien* se moquoit de tout. Les Épicuriens supposent les fondemens de toute Religion. Les Pyrrhoniens & les Académiciens attaquoient la raison par elle-même , & s'efforçoient d'en anéantir les étincelles.

Cicéron , Livre premier *de la Nature des Dieux* , avoue que les lumieres naturelles de la raison ne suffisent pas pour connoître la Religion , & qu'il est plus aisé de réfuter le menfonge , que de trouver la vérité. Qui pourra , dit *Platon* dans fon *Dialogue d'Alcibiade*, nous enfeigner la piété, fi Dieu ne lui fert de guide ? La raifon ne voit donc qu'incertitude fans la révélation divine ; & cette révélation eft fi néceffaire, au jugement de *Bayle*, que fans elle il eft impoffible à l'homme de fortir jamais des ténebres où il eft plongé.

Le Déïfte qui quitte la Loi révélée pour fuivre la Loi naturelle, fera le Juge & l'arbitre de cette derniere ; il l'étendra , il la rétrécira , il l'abrogera , il la fufpendra , il l'expliquera fuivant fon caprice , & chaque tête humaine la tournera au gré de fes paffions. Il faut donc une Loi toujours fubfiftante, qui foit claire & précife , & que l'on puiffe à tout moment confulter. Sans cette Loi , abfolument néceffaire, l'homme ne fuivra plus que fes propres idées , & ne reconnoîtra d'autre régle que le jugement de fa raifon particuliere , dont tous les hommes ont éprouvé tant de fois l'aveuglement & la foibleffe.

La néceffité d'une Religion révélée, me paroît donc une démonftration mathématique ,

pour

pour un homme qui réfléchira attentivement, plus encore ſur les beſoins de ſon eſprit & la miſere de ſon cœur, que ſur le tableau déplorable que les ſages de l'Antiquité nous en ont fait.

Il ne s'agit donc que de prouver au Déïſte que Dieu a dû nous parler, & qu'il l'a fait. Je ne veux me ſervir dans ces démonſtrations que de faits connus du monde entier, & qu'aucun eſprit ne peut démentir. Voilà le plan que je me propoſe dans l'*Epître ſur la Révélation.*

Il eſt ſurprenant que l'homme, qui depuis que le monde exiſte, a ſenti l'impuiſſance de la révélation de la Nature ; que l'homme qui par la bouche de tous les ſages de l'Antiquité, & par ſes propres ténébres, doit avoir appris le beſoin qu'il a d'une révélation ſurnaturelle, ne cherche pas, au moins, à examiner ſi le Dieu qu'il adore nous a parlé.

S'il exiſte un Dieu, il a dû établir ſon culte & confondre l'Athéiſme, où la raiſon, ſans la révélation ſurnaturelle, ſe précipite infail-liblement. *Spinoſa* & les Manichéens livre-ront des combats au Déïſte, où la raiſon ſeule

ne pourra jamais refter victorieufe. Mais dans
ce fiécle d'inapplication , & d'une orgueil-
leufe ignorance , trouve-t-on beaucoup d'incrédules affez profonds , pour combiner tous
les fyftêmes , & pour les renverfer tous l'un
après l'autre , afin de faire triompher le fien ?
C'eft ce que devroit faire le Déïfte , & ce
qu'il ne fait point. Ses inconféquences font
pitié au Spinofifte. Un Petit-Maître en France
qui a lu l'*Uranie* de M. *de Voltaire* eft Déïfte.
Le ton de l'incrédulité eft le ton brillant. Il
paffe aux yeux des fots pour un efprit fupé-
rieur , & fa pauvre tête eft affez folle pour fe
féliciter de fa pénétration.

Si pour un moment , je prends le parti de
l'indépendance de toute Religion ; fi je mets
cet homme fur la défenfive , & qu'il foit en
état de fuivre des raifonnemens , ce qui eft
très-rare parmi ceux de cette efpece ; livré à
fa propre raifon , je le ferai paffer malgré lui
du Déïfme à l'Athéïfme , fans qu'il puiffe fe
défendre aux yeux d'un témoin flegmatique
de fes égaremens , ou je le forcerai à convenir que le Déïfme eft un myftere impénétrable comme le Chriftianifme.

Mais, me dit·un jour un de ces hommes ſuperficiels, qui ſe rencontrent dans tous·les états, j'ai lu un Manuſcrit poſthume du Chevalier *d'Et* .... & par conſéquent l'Ecriture Sainte eſt un Roman.

Je lui demandai, s'il avoit lu dans la Langue originale les Pſeaumes, les Prophetes, & les Livres de Moyſe. Non, me dit-il, d'un air dédaigneux, ces ſortes d'études n'appartiennent qu'aux pédans. Sans paſſer des quarante & des cinquante ans ſur la Langue Hébraïque, les gens·d'élite que je connois ont tout approfondi. Que vous êtes heureux, lui répondis-je, de trouver des Maîtres auſſi éclairés que ceux-là ! Votre Héros, c'eſt donc le Chevalier *d'Et....* qui prétend que les Livres *Saints* ſont indignes d'un Dieu qui s'eſt révélé.

La Religion analyſée, ajouta-t-il, eſt un Manuſcrit abrégé de cet admirable Chevalier, qui a eu la fermeté de penſer juſte pendant ſa vie, & de ſe faire enterrer dans ſon Jardin après ſa mort. Cet Ouvrage eſt un chef-d'œuvre. Dans ce ſiécle de lumiere, tombe le maſque de la Religion.

Vous en ſçavez donc, lui dis-je, autant

que ce bon homme ? Mais daignez me faire
part de ces importantes découvertes, qui dé-
montrent la fauſſeté de nos Ecritures. Oh !
oh ! me répondit-il bruſquement, prenez &
liſez ; voilà de quoi confondre votre Religion
Chrétienne.

Je pris un Manuſcrit en quatre cahiers. Je
les lus très-attentivement. On ne doit jamais
mépriſer un adverſaire, quelque foible qu'il
ſoit. Voici deux fautes groſſieres, & deux con-
tradictions des Livres Saints, auxquelles le bon
Chevalier & ſon Compilateur ne trouvent point
de réponſe.

L'Hiſtorien de la Genèſe, après avoir ra-
conté la déſobéiſſance d'Adam & d'Eve, &
leur banniſſement du Paradis terreſtre, néglige tous les événemens intermédiaires, pour
parler du premier meurtre qui fut commis ſur
la terre, meurtre dont les hommes devoient
à jamais conſerver le ſouvenir déplorable.

L'Auteur de l'Analyſe, aſſez imbécile pour
réunir à ce même point des faits de Chrono-
logie, qui ſont bien plus éloignés les uns des
autres, que la bataille de Malplaquet ne l'eſt
de celle de Fontenoy, joint le meurtre d'Abel

au temps immédiat de la chûte d'Adam, &
conclut qu'il ne reſtoit plus alors ſur la terre
qu'Adam, Eve, & le meurtrier.

Cet ignorant Critique ne rougit pas de
fixer encore à la même époque les paſſages
où il eſt dit, que Dieu ſauva Caïn de la vengeance des hommes, & qu'il bâtit une Ville.
Caïn bâtit donc une Ville pour lui ſeul,
s'écrie le bon Homme; y avoit-il des hommes ſur la terre? Je ne crois pas qu'il y ait
rien de plus pitoyable & de moins réfléchi que
cette objection.

Moyſe, dans la Chronique reſpectable du
monde, paſſe d'un fait principal à un autre
fait intéreſſant. Les Chronologies des Rois &
des Empires, ne ſont point faites autrement.

La chûte de l'homme, le meurtre d'Abel,
les remords de Caïn, la premiere Ville du
monde fondée, voilà des objets dignes de
l'attention du genre humain, & dignes d'un
Hiſtorien tel que Moyſe. Comment oſe-t-on
raſſembler ſous un même point de vue tous
ces faits? c'eſt marquer autant d'ignorance,
que de mauvaiſe foi.

Je ne m'arrêterai pas, continue notre Cri-

tique, qui a compté fur la fottife de fes Lec-
teurs, à la defcription du Déluge & de l'Arche de Noé, dont les dimenfions font voir
l'impoffibilité qu'il y avoit d'y placer la
dixiéme partie des animaux qui devoient y en-
trer.

Cet homme certainement n'a jamais fçu
la Langue des Livres Saints, fi je juge de lui
par fes raifonnemens & fes obfervations. Mais
je veux fçavoir de lui s'il eft Géometre ; je
veux lui démontrer en Géométrie exacte, l'ab-
furdité de fa propofition.

Les efprits inattentifs, ennemis du travail
& de la difcuffion, font trop fouvent les dupes
du ton affirmatif de l'incrédule fuperficiel ;
en voici un exemple fans réplique.

L'Arche avoit trois cents coudées de long,
cinquante de large & trente de haut, mefure
de Paris, fuivant les calculs de *Jean Buteo*,
Anglois, de l'Abbé *Pelletier*, & des Juifs
même. Elle avoit par dehors cinq cents douze
pieds de longueur, quatre-vingt-cinq pieds de
largeur, & cinquante & un pieds de hau-
teur.

Le nombre des animaux qui devoient en-

trer dans l'Arche, n'eſt pas ſi grand qu'on ſe
l'imagine. Nous ne connoiſſons d'animaux à
quatre pieds, qu'environ cent trente eſpeces.
Les Oiſeaux ſont à-peu-près au même nombre. Il y a, au plus, trente eſpeces de Reptiles. On ne connoît que ſix eſpeces d'animaux,
qui ſoient plus gros que le Cheval ; il y en
a peu qui lui ſoient égaux. Il y en a un grand
nombre, qui ſont bien moins grands : il y
en a beaucoup même au-deſſous de la grandeur de la Brebis.

Tous les animaux à quatre pieds, en y com-
prenant trois mille ſix cents cinquante Brebis,
qui ont dû ſervir de nourriture aux animaux
carnaſſiers, n'occupent à-peu-près qu'autant
d'eſpace que cent vingt Bœufs, trois mille
ſept cents trente Moutons ou Brebis, & quatre-
vingt Loups.

Il y a peu d'Oiſeaux plus gros que le
Cygne, & preſque tous le ſont moins. Le
nombre des Reptiles n'eſt pas grand : la plû-
part ſont petits. Il y en a beaucoup qui vivent
dans l'eau.

On pouvoit loger aiſément tous les animaux à quatre pieds dans trente-ſix étables,

& tous les Oifeaux dans autant de volieres; en donnant à chacune des étables & des volieres vingt-cinq pieds & demi de long, vingt-neuf de large, & treize & demi de haut.

L'eau douce, qui étoit dans la carene, pouvoit être de plus de trente & un mille cent foixante & quatorze muids; ce qui étoit plus que fuffifant pour quatre fois autant d'animaux. Le grenier ou le magafin du premier étage pouvoit contenir plus de provifions qu'il n'en falloit pour un an.

Noé put ménager encore dans le troifiéme étage trente-fix loges pour ferrer les uftenfiles du ménage, les inftrumens des Arts & du Labourage, les grains & les femences de la terre. Il pouvoit s'y ménager fix chambres pour différens ufages, & un efpace d'environ quarante - huit coudées de longueur pour fe promener.

Si l'Auteur de l'Analyfe peut prouver un défaut dans cette démonftration géométrique, je lui promets de devenir l'Ecolier du Chevalier *d'Et*....

Je me garde bien d'exiger ce calcul des têtes légeres de ce fiécle frivole. Mais je les prie d'en charger leur Architecte. Un Petit-Maître indolent peut ſans fatigue ſe donner cette attention.

J'ai cru ne devoir répondre qu'à ces deux ridicules objections de la Religion analyſée, qui n'eſt qu'un tiſſu d'ignorance & de men-ſonges hardis, impertinemment avancés. Rien ne prouveroit plus la décadence de la raiſon & de la vérité, ſi cet Ouvrage étoit capable de faire la plus petite impreſſion. On a pris ſoin de le répandre parmi les gens qui n'en ſçavent pas plus que le Peuple. Mais il ne mé-rite pas| la peine d'un examen ſérieux, ni l'attention d'un Chrétien, qui doit rendre compte de ſa foi. Peut-on concevoir qu'un homme incapable de rien approfondir, devenu Athée par ignorance & par corruption de cœur, croye éclairer les hommes en ſe con-damnant lui-même à leur mépris ?

Les principes que j'établis pour démontrer la révélation, ne ſont point ſuſceptibles de préjugé. Je les puiſe chez les plus grands hommes de l'Antiquité, & chez *Bayle*, qui tous enſemble ont ſenti qu'on ne pouvoit admettre un Dieu juſte & ſage, ſans exiger

de lui la folution de l'énigme que l'on ne
devinera jamais, fi ce Dieu, s'il exifte, ne
parle pas lui-même.

Je prouve l'accompliffement des Prophéties par des faits dont le monde entier eft le
témoin, & par les Livres même du Peuple
Juif, qui certainement n'eft pas d'intelligence
avec nous.

En vain l'incrédule s'amufe-t-il à conftater
fur un Texte, qui de la marge a paffé dans
le corps de l'Ouvrage par la négligence des
Copiftes. Je le défie d'énerver la force des
Prophéties évidentes qui établiffent invinciblement l'Epoque du Meffie.

Les grands Hommes de la Synagogue des
trois premiers fiécles de l'Eglife, dont nous
avons les Ouvrages, fentoient la force de nos
preuves, qu'un demi-fçavant de nos jours ne
fe donne pas la peine d'examiner. Je renvoie
le Lecteur à la continuation de l'Hiftoire des
Juifs par *Bafnage*. Là, il verra la conviction
de ceux qui revenoient au Chriftianifme, &
l'aveuglement des autres, qui voyant que
l'Epoque fixée à deux ou trois fiécles plus tard
que la venue de Jefus-Chrift étoit fauffe, défen-

dirent fous l anathême de compter les jours
du Meffie.

Il ne s'agit point ici d'examiner fi chaque
Lettre & chaque fyllabe de la Bible , doivent
être fuperfti tieufement calculées. Je laiffe loin
de moi les vaines difcuffions & les minuties
pour en venir à des faits auffi évidens & auffi
certains que la chûte de l'Empire de Rome.

Toutes les Nations de la terre , plongées
dans l'Idolâtrie , doivent adorer le vrai Dieu ,
lorfque le Meffie prédit & attendu depuis tant
de fiécles, viendra au monde. Il doit naître
ce Meffie dans le temps marqué par les femaines de Daniel. Ces femaines d'années ,
fuivant le ftyle des Juifs, commencent au fecond ordre qui devoit être donné pour rebâ-
tir une feconde fois les murs de Jerufalem.
Cette Epoque eft inconteftable ; *Maimonides*,
& les plus grands hommes du Peuple Juif ,
ont été forcés d'en convenir. Or ce fecond
ordre fut donné la vingtiéme année du regne
de *Darius Longimanus*. Pour s'éclaircir de l'accompliffement, il ne faut que calculer, il ne
faut que des yeux.

Le Chrift eft renoncé ; il eft mis à mort au

milieu de la derniere femaine. Le Peuple Juif
ceffe d'être fon Peuple. Un Vainqueur détruit
le Temple ; la Nation eft difperfée , & la
défolation durera jufqu'à la fin des fiécles.

Ces événemens furprenans prédits & accom-
plis , font de l'évidence la plus grande que
l'incrédule puiffe jamais imaginer. La fonda-
tion de la Monarchie Françoife , n'eft pas un
événement plus certain.

Dira-t-il qu'Efdras a fabriqué les Livres
Saints , & ces prédictions ? Mais ce raifonne-
ment , bien loin de détruire la vérité des Prophéties , l'établiroit fans réplique. Il feroit
toujours invinciblement vrai qu'au temps de
la fortie de la captivité de Babylone , plufieurs
fiécles avant le Chrift , Dieu avoit parlé à Efdras ; puifque nous voyons accomplies , fous
nos yeux , les Prophéties des révolutions les
plus grandes & les plus incompréhenfibles qui
foient arrivées fur la terre.

Je défie M. *de Voltaire* de faire changer
Genève de Religion. La converfion de l'Univers au vrai Dieu , & la chûte de l'Idolâtrie ,
font les faits les plus prodigieux de l'Hiftoire
du monde , & prouvent , fans réplique , que

le Messie est venu. Ces faits sont à la portée des Ignorans & des Sçavans, & servent de démonstration à l'autre fait, au fait de la révélation. Les vaines subtilités de l'incrédule, sur les Livres Saints, s'évanouissent à l'aspect de ces vérités que l'esprit humain ne peut ni combattre, ni obscurcir, ni ébranler.

Je ne sçais à quoi pense l'incrédule, lorsqu'il prétend qu'Esdras est l'Auteur des Livres sacrés. Il est obligé, comme je viens de le prouver, de lui accorder l'esprit prophétique à cause de l'accomplissement des faits prédits que nul homme ne peut révoquer en doute ; mais il lui donne un génie infiniment au-dessus de tous les Ecrivains ensemble, dont les Ouvrages sont parvenus jusqu'à nous.

Quoi ! un homme a pu réunir tout à la fois la sublimité de Moyse, & l'élévation pompeuse d'Isaïe ? la magnificence & la grandeur de l'Ode dans les Pseaumes, & le style naïf du Berger Amos ? les gémissemens ineffables de Jérémie, & le style mâle de l'Histoire ? inventer les Loix de la plus profonde politique ? donner dans les Livres de la Sagesse les plus pures leçons des mœurs ? & par-tout

former le Peuple Juif à la vertu par les traits
& les exemples les plus touchans ?

Il eft certain que tout homme qui lira les
Livres des Juifs , comme on lit *Homere* , *Pla-*
ton , *Virgile* , *Horace* , &c. y trouvera des
beautés qui effacent tout ce que l'Antiquité
nous a donné de plus brillant. Les efprits de
ce fiécle devroient puifer dans ces fources
la fageffe , la force , & l'élévation de génie
qu'ils n'ont point.

Voilà donc Efdras que l'incrédule prétend
décrier , par la fabrique des Livres Saints ,
placé par le même incrédule au-deffus des
plus grands génies qui ayent paru parmi les
hommes. Il faut avoir bien peu de jugement
& de raifon pour avancer un paradoxe de
cette efpece.

J'ai commencé ce Difcours par montrer au
Déifte la profondeur de fes propres Myfteres ,
afin de le faire rougir du ridicule où il tombe,
en fe révoltant impérieufement contre ceux
des Chrétiens.

Je lui ai expofé la néceffité d'une révélation furnaturelle fondée fur la néceffité de
reconnoître un Dieu jufte & fage , & je lui ai

démontré l'évidence des faits qui prouvent les Prophéties.

Négligeant toutes les petites difcuffions, je ne m'attache qu'aux difficultés principales qui divifent le Déïfte du Chrétien : mais je ne veux avoir à faire qu'à un homme inftruit, folide, défintéreffé, dont le cœur fincere cherche la vérité avec au moins autant de zèle & d'application qu'il en a pour fa fortune.

Je paffe de la révélation à un objet qui n'eft pas moins effentiel. La queftion de l'origine du mal a été agitée dans tous les temps. Les Sages de l'Antiquité Payenne font morts fans la réfoudre. Je prétends prouver que le Chrétien feul rend raifon de ce Myftere, impénétrable au Déïfte même.

L'homme, cet Être tout à la fois aimable, haïffable, doux, cruel, jufte, injufte, éclairé, aveugle, fage, infenfé, fçavant, ignorant ; l'homme, cet Être que l'on ne peut définir, eft méchant.

Quelle eft donc l'origine du mal ? Si ce n'eft pas Dieu, c'eft l'homme : lequel des deux eft le coupable ?

Le Déïfte admet-il un Dieu qui foit l'au-

teur de nos crimes ? non. Il reconnoît avec
tant de force la liberté dans l'homme, qu'il
croit que Dieu punira le coupable après la
mort par des fupplices. *Bayle*, je ne puis trop
le répéter, feutoit fi fortement la difficulté
d'expliquer le fort de l'homme, qu'il foutient
que s'il y a un Dieu, il a dû parler & chaffer les ténebres, dont le Déïfte lui-même eft
enveloppé.

Tous les Sages de l'Antiquité nous ont
laiffé dans leurs écrits les triftes monumens
de leur défefpoir. Le fort de l'homme les ré-
voltoit ; ils ne pouvoient le comprendre. Les
Philofophes modernes font forcés de fe précipiter dans le Manichéïfme, l'Athéïfme, le
Matérialifme, ou enfin le Nihilifme ; pour
éviter de croire le Myftere de la chûte de
l'homme, qu'enfeigne le Chrétien ; Myftere
qui ceffe en quelque forte de l'être, puifque
le cœur & l'efprit des hommes de tous les
fiécles avouent la néceffité de le reconnoître,
s'il eft vrai qu'il faille admettre un Dieu fage
& jufte.

Que l'on prenne garde à cette alterna-
tive, qui eft la conféquence néceffaire des
raifonnemens

raisonnemens les plus évidens & les plus ner-veux.

Les plus grands ennemis du Christianisme succombent, lorsqu'on leur demande compte de l'Enigme de Dieu & de l'homme. Mille siécles ne pourroient la deviner avec tous les efforts de la raison. Le seul Chrétien déve-loppe donc le Mystere d'une Religion sur la terre, si nous devons en admettre une. Une démonstration mathématique est moins forte que cette conclusion ; que le Déiste y réflé-chisse !

Le Déisme lie l'homme à Dieu ; mais s'il ne se sert pas des armes du Christianisme pour justifier Dieu, comment le justifiera-t-il aux yeux du Spinosiste ?

Je supplie le Déiste sensé de méditer & d'examiner, plus qu'il ne fait ordinairement, les réflexions qu'on lui propose. Fondé sur des appuis qui s'écroulent de toutes parts, il doit écouter avec attention un esprit désintéressé, qui ne lui parle qu'avec la modestie de la vérité.

Hobbès a vainement employé son génie à démontrer qu'il n'y avoit ni de bien, ni de

mal, que rélativement à l'homme, & aux intérêts de la Société. Son fyftême a révolté
M. *de Voltaire*, & révoltera tout homme de
bon fens.

La raifon de l'homme fuppofe une raifon
fuprême, même phyfiquement, au jugement
du Matérialifte. L'œil de l'Intelligence fuprême peut-il être l'oifif fpeĉtateur des forfaits qui nous font frémir d'épouvante ?
Penfer ainfi, c'eft renoncer à la raifon, c'eft
même ouvrir la porte aux défordres les plus
affreux.

Si le fcélérat n'a rien à craindre du Ciel ;
fi les Loix à fes yeux font des préjugés qu'il
méprife, & qu'il peut éluder par le fecret,
lors même qu'il fe livre aux crimes les plus
atroces, les maximes des mœurs, & les vertus ne font plus que des erreurs populaires,
qui ne fervent qu'à cimenter la puiffance des
Tyrans qui nous en impofent.

Le Déïfte, qui reconnoît une Providence
qui veille fur nos aĉtions, n'eft pas cependant
plus avancé que *Spinofa* fur l'origine du mal
qu'il eft forcé d'appercevoir dans l'homme.
Suivra-t-il le fyftême des Manichéens ? Le

Chrétien ſeul explique donc ce myſtere, d'où dépend toute l'économie de la Religion, s'il faut en admettre une.

Pour confondre, en un mot, le Chrétien qui croit le péché d'origine, il faut lui prouver nettement que ni Dieu, ni l'homme, ne doivent rien blâmer dans l'homme.

Mais quel eſt l'incrédule, qui voudroit approuver les ſcélérats, & vivre en ſociété avec des hommes perſuadés de l'aveuglement du Ciel ſur leurs forfaits? Avec des hommes qui commettent ces forfaits, avec aſſez de prudence pour éviter la perſécution des Légiſlateurs qu'ils déteſtent comme leurs Tyrans? Les ſentimens intimes, que l'impie lui-même apprend par le langage ſincere de ſon cœur, ſont une démonſtration qui prouve, que ſi dans l'hypotheſe phyſique de l'Univers, tout eſt bien; dans l'hypotheſe morale, au contraire, qui laiſſe à l'homme la liberté de ſe révolter contre le Ciel, ou de lui obéir, il peut y avoir bien & mal, proprement dits. L'axiome de Pope, tout eſt bien, ne peut donc être reconnu véritable, que dans l'hypotheſe phyſique.

L'homme eſt méchant : Dieu eſt la Sainteté ſuprême, ou il n'eſt plus.

Il eſt donc prouvé par la raiſon, avec le plus grand triomphe de l'évidence, qu'il faut nier Dieu, ou admettre la dégradation de l'homme par le péché, fruit malheureux de ſa liberté. Le Déïſte doit ſentir toute l'énergie de ces démonſtrations accablantes.

Dira-t-on que la liberté de l'homme, cet apanage de ſon eſſence, devoit être enchaînée par un Dieu bon ? Mais Dieu devoit-il faire de l'homme une brute, lui ravir la raiſon, & le réduire à l'aveugle inſtinct ?

L'homme eſt un animal divin. C'eſt le ſeul des animaux, dont Dieu exige l'hommage, & le prix de cet hommage rendu par la liberté de l'amour, c'eſt la félicité immortelle dont Dieu lui deſtine la jouiſſance.

L'origine du mal, ce myſtere impénétrable, trouve donc ſes preuves dans les principes les plus connus de l'homme. La foi nous éleve au-deſſus de la raiſon, mais jamais ne la détruit.

Le Déïſte eſt d'autant plus reſpectable aux yeux du Chrétien, qu'il croit la néceſſité d'une Religion.

Il ne s'agit que de lui prouver trois vérités inconteftables ; fçavoir, la révélatioñ furnaturelle ; l'origine du mal , dont l'homme libre eft l'auteur , & la Réfurrection de Notre-Seigneur Jefus–Chrift.

Cette derniere vérité eft la démonftration de la Divinité du Meffie mis à mort ; elle établit invinciblement la Religion Chrétienne.

A l'afpect de cette lumiere , s'évanouit cette multitude de nuages que le Déïfte ne ceffe de répandre fur les yeux des perfonnes qui ont la foibleffe de fe laiffer follement tromper.

Tels font les objets que je me propofe à faire voir dans cet Ouvrage.

Les preuves de fait font les plus puiffantes que notre raifon connoiffe. Mille raifonnemens abftraits , mille doutes , mille foupçons , mille fubtilités de l'efprit humain , ne peuvent les ébranler.

Le célebre Abbé *Houteville* , après avoir porté le fait de la Réfurrection jufqu'à l'évidence, mérite, avec le fçavant Anglois *Ditton* , toute l'attention du Déïfte , qui veut fincerement s'inftruire.

M. *de Voltaire* les eût, fans doute, furpaffé tous deux, s'il eût employé la force & les charmes de fon génie à défendre le Chriftianifme.

Fin du Difcours fur le Déïsme.

L'ANTI-URANIE,

ÉPITRES

A M. DE VOLTAIRE.

SUR la Religion , sur les Mysteres du Déïsme, sur la Révélation, sur l'Origine du mal, & sur la Résurrection,

C iv

L'ANTI-URANIÉ,

OU

LE DÉÏSME

COMPARÉ

AU CHRISTIANISME.

ÉPITRE PREMIERE;

SUR LA RELIGION.

O TOI, qui des rayons de ton vaste génie,
Éclaires tous les Arts & la Philosophie,
Des talens & du goût modele & créateur,
Veux-tu, *Voltaire*, encore être légiflateur?
Crois-tu, Naturalifte, enfeigner la fageffe ;
Et réveiller nos cœurs de la fatale yvreffe,

Qui dans un vain menſonge endormit nos Ayeux,
Et de ſombres vapeurs couvre nos foibles yeux ?

De la Foi qui m'inſtruit les auguſtes Myſteres,
Du préjugé puiſſant ſont les belles chimeres :
Mais de la vérité, toi ſeul vois-tu le jour ?
Je te vois de l'erreur vil eſclave à ton tour.

En vain contre le vice armes-tu la Nature ;
Pour corriger les cœurs de leur perverſité :
Notre raiſon ſéduite, écoutant l'impoſture,
Dans un nuage épais cherche la vérité.

Sous tes pieds ta raiſon ſe creuſe des abyſmes ;
Moins ſage qu'un Chrétien, non moins myſtérieux,
A la fois tu punis, excuſes tous les crimes.
L'homme, à ton gré, doit craindre, & peut braver les
        Cieux ;
D'*Hobbès*, de *Spinoſa*, tu combats le ſyſtème ;
Sans prévoir tous les traits qu'ils lancent ſur toi-
        même.

Leur Dieu ne punit point ; mais le tien eſt clé-
        ment ;
Aux Cieux le ſcélérat vole après ſon tourment.
La matiere, ont-ils dit, eſt immenſe, éternelle ;
Le Déïſte inſenſé la borne en la créant ;
Toi, contr'eux, de ton Dieu ſoutenant la querelle ;
Tu veux que l'Univers ſoit ſorti du néant.
Prouve-moi, dit *Hobbès*, que Dieu par ſa puiſſance
Du pur rien, qui n'eſt rien, fit naître l'exiſtence,

Et tous enſemble unis pour corrompre les cœurs,
Vous ſappez de concert les principes des mœurs.

MALGRÉ nos vains regrets la raiſon, la nature,
Ne peuvent nous guider vers la vérité pure :
Pour m'éclairer, dis-tu, la raiſon me ſuffit ;
Mais ce flambeau s'éteint, me plonge dans la nuit.
A l'homme qui prétend tout ſçavoir par lui-même,
Tantôt tout eſt clarté, tantôt tout eſt problême.
La raiſon ſe confond, & ce vaſte Univers
Eſt incompréhenſible en chaque être divers.

DE ton eſprit charmant, je reconnois l'empire ;
L'Europe entend ta voix, t'applaudit & t'admire :
Mais apprends qu'un Chrétien pénétré de ſa Foi,
Peut te toucher, *Voltaire*, & triompher de toi.

JE briſe ſous mes pieds tous les traits que l'envie
Oſe ſur tes talens lancer avec furie ;
De la foi de HENRI, quoi ! le Chantre immortel
Auroit pu s'égarer ſur les pas d'Uranie (1) :
A la folle Nature ériger un Autel,
A la Pucelle, à l'Ane abaiſſer ſon génie ?

---

(1) Le Public a attribué l'Epître à Uranie à M. *de Voltaire* ;
mais il ne l'a jamais fait imprimer. Malgré le préjugé, ſur
cet article, répandu en France, je déclare que je ne prétends
point donner à cet Auteur un Ouvrage qui ne paroît point
parmi les ſiens. S'il a rougi de cette Epître, c'eſt en déſavouer
l'impiété.

Oui, ſi *Voltaire* a pu s'égarer un moment ;
Je le reſpecte encor dans ſon égarement.
Ne crains point dans mes vers l'aigreur de la que-
    relle ;
Pour juger, c'eſt le vrai ; c'eſt ton cœur que j'appelle :
Le vrai ſeul inſenſible aux charmes de l'erreur,
Veut t'éclairer, *Voltaire*, & régner dans ton cœur.

T o ı dont l'ame ſublime eſt ſi vive & ſi tendre ;
Daigne écouter le Dieu qui te donna le jour ;
Lui-même te pourſuit, t'aime & ſe fait entendre ;
Ceſſe de l'outrager, réponds à ſon amour.

Q u o ı ! le Dieu des Chrétiens pour toi n'eſt plus
    un Pere ! . . . .
C'eſt un Tyran cruel, ce Dieu te déſeſpere.
L'excès de ſa tendreſſe indigne ton eſprit.
Ta raiſon veut franchir le but qu'il nous preſcrit ;
L'humilité d'un Dieu pour toi n'eſt que baſſeſſe.
Il devoit conſulter ta raiſon, ta ſageſſe ;
Et nous faiſant marcher par un ſentier de fleurs ;
Inſpirer les plaiſirs, proſcrire les douleurs :
Abaiſſer les vertus ſous le poids de ſa gloire ;
De nos vices flatteurs couronner la victoire ;
Et lavant les forfaits des hommes criminels,
Leur donner dans les Cieux le rang des Immortels.

D e s Prêtres que tu hais, ſuis-tu donc la Doctrine ?
A ton tour, quoi ! de Dieu tu fais une machine ?
Tu l'armes contre nous . . . . mais non pas pour ja-
    mais . . . .

S'il punit , l'homme eſt libre ; il eſt donc des forfaits.

͝͝ Quels myſteres profonds ! quel aveugle ſyſtême !

͝͝ Parle , te dit *Hobbès* , explique-toi , toi-même.

A la raiſon livré , ſi la Foi ne t'inſtruit ,
Le Déiſme confus , t'égare , & ſe détruit.
Toi , que mépriſe *Hobbès* : quoi ! donc un Dieu fait
homme ,
De ta foible raiſon excite les fureurs :
͝͝ De l'amour infini , les céleſtes ardeurs
͝͝ Devoient-elles , dis-tu , d'un Dieu faire un atôme ?

Mais ſi Dieu chérit l'homme , en l'homme tranſ-
formé ,
Dieu n'a-t-il pu s'unir à cet objet aimé ?
Réponds : A-t-il perdu ſa profonde ſageſſe ,
En prouvant aux Humains l'excès de ſa tendreſſe ?
Si l'amour hors de nous tranſporte tous nos ſens ,
Quels ont été d'un Dieu les tranſports tout-puiſſans ?
Le Dieu , vers qui ton cœur ſi tendrement ſoupire ,
C'eſt lui qui vient au monde établir ſon empire.

͝͝ D'un Dieu mourant pour nous d'où vient le bras
vengeur ?
De ce Dieu mépriſé , l'amour devient fureur :
S'il aime , il peut punir ; il eſt juge , il eſt pere ,
Déſarmons par l'amour ſa trop juſte colere ,
Et d'un œil orgueilleux pénétrant ſes ſecrets ,
N'allons pas d'un Dieu mort outrager les Décrets.
Il nous aime , il ſuffit. Éternelle victime !

De l'homme, dans son sang il a lavé le crime :
Mais l'homme qu'il chérit, pour prix de cet amour,
A ses penchans pervers doit mourir à son tour.
Cette mort est le prix de sa reconnoissance ;
Quelle est douce à l'amour qui voit sa récompense !

           » MAIS ce Dieu tout-puissant agit en vain trois
                fois ;
» Il fait l'homme, il le noye, & pour lui meurt en
                croix.

DE notre liberté, ces monumens funestes
Seroient-ils les effets de ses Décrets célestes ?
Pour mieux justifier les crimes des Humains,
Vas-tu ravir à Dieu la foudre dans ses mains ? .
Si l'homme ingrat & libre, à ses loix est rébelle ;
Dieu perdit-il son Thrône & sa gloire immortelle ?

        » SI la Vertu vivante, un jour se montre à nous ;
» L'homme son ennemi s'irritera contr'elle ,
» Et la haine enflammant sa fureur criminelle ,
» D'une honteuse mort lui portera les coups.
C'est ainsi qu'autrefois l'Oracle de la Grece
Connoissant notre horreur pour l'aimable Sagesse ;
Nos mépris pour le Ciel, & pour la vérité ,
Pluton de ce forfait parloit épouvanté.

     LA Vertu devient homme ; elle naît elle-même :
Elle enchante les cœurs par son charme suprême ;
Mais blâmant les excès des perfides humains ,
Elle meurt sous les coups de leurs cruelles mains.

Un Dieu que l'homme immole à ſa haine impla-
  cable ,
N'eſt donc plus à mes yeux un objet mépriſable :
Si ce Dieu paroiſſoit une ſeconde fois ,
Il ſubiroit encor l'opprobre de la Croix.

 Toujours l'impiété naît du libertinage ;
Le vice eſt une mer où l'eſprit fait naufrage ;
Nulle Religion pour toi ne forme un plan :
Le Bonze , le Rabbin , le Chrétien , l'Ottoman ;
Mépriſés à la fois par ton orgueil volage
Ont tous quelques travers , ont tous quelque avan-
  tage.
Rien ne peut-il fixer ton cœur qui ſe dément ?
Ah ! prévois ta foibleſſe. . . . . Il viendra ce moment
Où la mort diſſipant le charme qui t'entraîne ,
Gravera dans ton cœur cette foi qui te gêne :
Ton génie eſt-il fait pour embraſſer l'erreur ?
Je veux te détromper en parlant à ton cœur.
Je te vois chanceler. . . . . ton eſprit téméraire ;
Qui s'éleve au-deſſus des terreurs du Vulgaire ,
Va-t-il braver l'Enfer , le néant & la mort ,
Et ſubir ſans effroi le plus funeſte ſort ?
Souvent comme le corps l'eſprit tombe en foibleſſe ;
Ton foible , c'eſt l'orgueil , & ſon altiere yvreſſe.
Si Dieu peut nous tromper , eſt-ce un ſi grand mal-
  heur
D'embraſſer la vertu qu'inſpire un Dieu trompeur ?
Pourras-tu ſoutenir ce moment ſi terrible ,
Qui du plus fier coupable ouvre le cœur ſenſible ?

Ah ! puis-je le penſer, & ne pas m'attendrir ?
Quoi ! pour jamais *Voltaire* à nos yeux veut périr ?
Je frémis . . . . . je me trouble . . . . . A quel point tu
       t'égares ?
Choiſis dans l'avenir ce que tu te prépares . . . . .
Dans le néant affreux, vas-tu te conſoler
D'être à l'abri des coups qui doivent t'ébranler ?

D a n s le cahos plongé, tu n'étois pas le maître
De fixer le moment où Dieu te donna l'être :
Pour éviter ſa main, tes ſoins ſont ſuperflus,
Et ſorti du néant, tu ne peux n'être plus :
Oui, quel que ſoit ce Dieu dont tu tiens l'exiſtence;
Toi-même, tu l'as dit ; il frappe, il récompenſe.
Il exige de l'homme, en lui donnant le jour,
L'hommage le plus pur & le plus tendre amour.

M a i s, que dis-je ? d'*Hobbès* tu combats le ſyſtême;
Il anéantit Dieu, s'anéantit lui-même :
Tu ſoutiens les Autels de la Divinité,
Et tu prétends, *Voltaire*, à l'Immortalité.
De l'eſprit créateur, ton eſprit eſt l'ouvrage;
Renverſe devant toi, *Spinoſa* qui l'outrage.
Ame de l'Univers, il embraſſe les Cieux,
La Nature s'abyſme en ſon ſein radieux.
De ce Dieu, ta grande ame eſt la vive étincelle;
Sur l'aile de la Gloire, elle vole immortelle.
Les vices, les vertus, au moment de la mort
Feront ton ſort heureux, ou ton malheureux ſort.
La ſouveraine voix de ce Dieu qui t'inſpire,

                              Fait

Fait briller à tes yeux l'éclat de fon empire.
Ton efpérance luit au-delà du tombeau,
Et dans la nuit des Morts va porter fon flambeau.
Un jour, bravant le fort des mufcles, des vertébres,
Ton efprit lumineux fortira des ténébres:
Ne feroit-il, hélas! qu'une vaine vapeur?
Non. La vertu t'inftruit de ta propre grandeur.

Si cette illufion, des Cieux nous eft offerte,
Cher *Voltaire*, avec toi, j'ai réfolu ma perte:
Du fein de nos malheurs, nous pouffons des foupirs;
Mais Dieu nous offre un bien plus grand que nos
       défirs.

DE ma Religion, fainte, aimable, fublime,
J'attefte un feul témoin; ton fentiment intime:
Oui, je veux aujourd'hui la graver dans ton cœur;
Je veux brifer les fers dont te chargea l'erreur.

D

ÉPITRE SECONDE,

SUR LES MYSTERES DU DÉÏSME.

DE la Religion fecouant l'efclavage,
Écartant de la Foi le ténébreux nuage,
Et de dogmes confus l'antique obfcurité,
Éclatante à tes yeux paroît la vérité :
Enfin, la raifon feule & t'inftruit & t'éclaire ;
Et Déïfte affranchi de la Loi du myftere,
Déchirant le bandeau de l'aveugle Chrétien,
Tu ne crois que toi-même, ou tu ne crois plus rien.
Arborant l'étendard de ton indépendance,
Partifan rigoureux de la feule évidence,
De la crédulité confonds-tu les erreurs ?
Vas-tu par ta lumiere éclairer tous les cœurs ?
Non : je veux te montrer que crédule toi-même,
Tu trahis la raifon, tu démens ton fyftême.

DES dogmes des Chrétiens, ennemi fourcilleux,
Viens, faifons l'examen du Déïfme orgueilleux :
Voyons fi la raifon puiffante & lumineufe,
Peut feule triompher de la nuit ténébreufe ;
De mille obfcurités aveugle défenfeur,
Je prétends te forcer d'en être le cenfeur.

« POURQUOI, me dit un jour un fublime génie,

›› Du Chrétien inſenſé ſuivez-vous la manie ?

›› Sa Morale , il eſt vrai, charme par ſa beauté ;

›› Mais quel eſprit n'eſt pas par la foi révolté ?

›› Croyez-moi , mépriſez ces antiques chimeres ,

›› Que l'on oſe honorer du grand nom de myſteres ;

›› Loin de ces préjugés , ſoyez homme de bien,

›› Juſte, ſoumis aux Loix, & zelé Citoyen.

›› L'Oracle eſt dans le cœur ; écoutez la Nature :

›› Le ſévere Chrétien met l'homme à la torture.

›› Enchaînant notre eſprit, nos déſirs innocens,

›› Il combat à la fois , la raiſon & les ſens.

›› Le Dieu qui nous forma , lui-même ſe révele ;

›› Il parle ſans myſtere , & ſa voix eſt fidelle :

›› Dieu n'eſt pas le Tyran de la Terre & des Cieux ;

›› *Je ne ſuis pas Chrétien, mais c'eſt pour l'aimer mieux.*

A ces mots je frémis & retins ma colere :
Parlez, lui dis-je , ami , je ſuis droit & ſincere ;
Hâtez-vous de fixer mon eſprit agité,
Avide d'embraſſer l'aimable vérité.

›› D E l'Être Créateur adorez la puiſſance :

›› L'Univers, me dit-il , lui doit ſon exiſtence.

›› Chériſſez la vertu, fuyez le vice affreux ;

›› Mais Dieu ne fera pas d'éternels malheureux.

›› En Dieu, s'il récompenſe , il ne punit qu'en Pere :

›› Le bonheur eſt le prix de la peine légere.

›› Les immenſes déſirs de la félicité

›› Sont des gages certains de l'immortalité.

D A N S le ſentier obſcur que le Déïſte s'ouvre ;

Pourra-t-il triompher de la nuit qui le couvre ?
Maïs pour fuivre fes pas, mon efprit dégagé
Renonce à tout parti, quitte tout préjugé :
Lorfqu'il traite la foi d'aveuglement ftupide,
Voyons fi la raifon qu'il prend feule pour guide,
Également aveugle, & crédule à fon tour,
Peut lever le rideau qui nous cache le jour.

DÉJA le Défenfeur de la matiere immenfe,
De votre Dieu, *Voltaire*, ofe attaquer l'effence :
Méconnoiffant les droits de l'Efprit Créateur,
» L'Univers de foi-même, eft, dit-il, le Moteur.
» Éternel, Infini ; ce tout eft le grand Être,
» Dont tout naît tour à tour, pour mourir & renaître.
» Rien n'eft rien. La raifon ne peut point concevoir
» D'un Dieu fur le néant le fuprême pouvoir :
» Tu le vois ce grand Tout ; eh ! quelle eft fa limite ?
» Eft-ce le rien, l'efprit, le vuide qu'il habite ?
» Le rien n'eft pas un lieu. L'efpace de *Newton*
» Eft efprit ou matiere, ou n'eft plus qu'un vain nom.
» L'Univers nage-t-il dans le fein de l'efpace ?
» L'efprit ou le néant ne font pas une place ;
» La matiere eft fans borne, & l'homme vainement
» La finit par des points d'évanouiffement (1).

FRAPPÉ de ce Myftere, ainfi s'exprime *Bayle*,
Défiant la raifon, fi Dieu ne fe révele,
De jamais pénétrer cet abyfme profond,

_____

(1) Les points d'évanouiffement font les points par où finiffent toutes les grandeurs mathématiques.

Où la raiſon ſe perd, & l'eſprit ſe confond.

PARTOUT portant le jour, votre brillant génie,
En vers bien plus pompeux que ceux de l'*Uranie*,
Auroit dû, plein de force, avec des traits de feu,
Confondre, abattre *Hobbès*, & lui prouver un Dieu.
De la Création, lorſqu'on croit le Myſtere,
Peut-on traiter la Foi, de fable, de chimere ?
Si de croire ſans voir, c'eſt imbécillité ;
Le Déiſte à ſon tour eſt donc un hébêté.

DÉFENSEUR des vertus, vous déteſtez les vices,
» Mais il n'eſt, dit *Hobbès*, ni gloire, ni ſupplices.

ARMEZ-VOUS, démontrez en argumens vain-
        queurs,
Qu'un Dieu fera la guerre aux penchans de nos
        cœurs ;
Et que le bien, le mal, ne ſont pas de vains titres,
Dont méſuſent des Loix les ſouverains arbitres.

DÉISTE, expliquez donc, du crime ténébreux
La ſource infortunée, & le reméde heureux :
A l'aide du flambeau d'une raiſon ſi fiere,
Prouvez que votre Dieu, du mal n'eſt pas le pere.

» MAIS, quel eſt, dit *Hobbès*, l'auteur de vos
        malheurs ?
» D'où naquit le remords, qui fait couler vos pleurs ?
» Du Myſtere confus du péché d'origine,
» Déiſte, faites-vous un point clair de Doctrine ?

» Aveugle, vous riez de l'aveugle Chrétien ;
» Comme lui croyez tout, ou ne croyez plus rien.

 » Q U O I ! la torche à la main, vous allumez des
  flammes (1),
» Qui, non pas pour toujours, embraseront les ames ?
» Et des Décrets d'un Dieu sondant les profondeurs
» Vous marquez les momens de ces brasiers ven-
  geurs ?
» Assistant dans les Cieux, au Conseil de Dieu même ;
» Avez-vous mesuré la vengeance suprême ?
» Crédule au Purgatoire, incrédule à l'Enfer,
» Quoi ! *Voltaire* arme Dieu, d'une verge de fer ?
» Dieu punit..... de ses mains l'homme innocent
  ouvrage,
» Est coupable...... Eh ! comment a-t-il donc fait
  naufrage ?
» Accablé sous le poids de mille obscurités ;
Déiste, montrez donc les plus vives clartés.

 O vous, dont l'œil obscur, plaignant l'homme im-
  bécile,
Regarde avec mépris la foi de l'Evangile ;
Vous, qui de la raison vantez le seul flambeau ;
Hobbès voit sur vos yeux le plus épais bandeau.

 É L E V E Z votre voix, tonnez pour vous défendre :
Quoi ! c'est vous qui croyez ce qu'on ne peut comprendre ?

---

(1) Voyez la priere de M. *de Voltaire*, qui se trouve à la
fin de la Religion Naturelle.

MALGRÉ vous la raiſon ſuit les pas du Chrétien,
N'a que la Foi pour guide, & que Dieu pour ſoutien.

DE la Religion, le poids inévitable
'Abaiſſe votre orgueil, le confond & l'accable:
Tel Samſon éprouvant la force de ſon bras,
En renverſant un Temple avança ſon trépas;
Telle on voit dans les airs une bombe lancée
Retomber ſur la terre en éclats diſperſée.

AUX pieds de *Spinoſa*, plongés dans le mépris,
Rampent honteuſement ces ſublimes eſprits;
Ces Partiſans fameux de la raiſon altiere,
Dans une épaiſſe nuit éteignent ſa lumiere.

MALGRÉ leurs vains efforts, s'ils n'admettent la
    Foi,
De l'Athéïſme horrible, ils ſubiſſent la loi.

SI la raiſon s'égare en croyant un Myſtere,
Pourquoi de la raiſon le Défenſeur ſévere,
Crédule cette fois, ſans craindre d'ennemis,
Croit-il à la raiſon des Myſteres permis?
Tandis qu'il veut frapper l'humble Chriſtianiſme,
Hobbès & *Spinoſa* triomphent du Déïſme.

CROYEZ-VOUS que Chrétien, j'approuve dans
    mes Vers
Ces hommes ténébreux, & leurs Dogmes pervers?
Non. Je veux vous montrer votre extrême foibleſſe
Lorſque de l'humble foi vous quittez la ſageſſe:

Vous traitez les Chrétiens d'hommes myſtérieux ;
Déiſte, y penſez-vous? eh ! l'êtes-vous moins qu'eux?

MALGRÉ votre fierté, Dieu , l'Homme , la Na-
ture ,
Seront toujours l'écueil de la raiſon obſcure :
La raiſon luit encore , & ſa foible clarté
Jette quelques rayons nés de la vérité ;
Mais de tous ſes efforts, nous montrant l'impuiſſance,
Elle nous mene aux Cieux, ſéjour de l'évidence :
C'eſt-là qu'à ſa foibleſſe, elle cherche un appui ;
Elle tient tout du Ciel, & ne peut rien ſans lui.

ÉPITRE TROISIÉME,

SUR LA RÉVÉLATION.

» L AISSONS l'antique amas d'incroyables Myſ-
    teres ;
» La Nature ſuffit, ſes accens ſont ſinceres ;
» Par elle Dieu dicta la Révélation :
» Contre ſes Loix en vain la Superſtition ;
» Au milieu des éclairs, a fait parler Moyſe :
» J'évite le danger d'une folle mépriſe :
» Pour trahir ſa raiſon l'homme fut-il formé ?
» Seule elle eſt infaillible ; & le monde allarmé ;
» Craint les Légiſlateurs qui lui livrent la guerre ;
» Le Chrétien inſenſé trompe toute la terre.
» Le Dieu de la Nature eſt le Dieu de mon cœur ;
» Jamais un autre Dieu ne ſera mon vainqueur.

AINSI de la Nature, oubliant la foibleſſe ;
Sur ſes pas égarés tu cherches la ſageſſe :
Sous le joug de l'Erreur, l'Univers enchaîné
Aux pieds de ſes Tyrans demeure proſterné.
A la Religion, ſi la raiſon préſide,
Dans quel abyſme, enfin, peut nous jetter ce guide?
Tel un feu dans la nuit, par ſon éclat trompeur,
Précipite les pas du triſte Voyageur :

Que dit-elle ? Jadis *Montagne* à fon école
Apprit à s'endormir dans le doute frivole ;
Méprifant la raifon, ce flambeau qu'il éteint,
Contre elle-même il l'arme, & ne fuit que l'inftinct;
Indécis & fans but, fe combattant lui-même,
Sans ceffe il établit, & détruit un fyftême.
Il doute, il femble croire, & jamais ne croit rien;
Tombant à chaque pas, il dédaigne un foutien,
Et ne prétends pour lui que le vain privilége,
La balance à la main, de s'écrier, que fçais-je ?

D E l'humaine raifon, l'éclat, l'obfcurité,
Ont fait naître l'orgueil & la ftupidité :
Le Stoïque apperçoit & combat fa lumiere ;
Pyrrhon ne la voit pas, fe ferme la paupiere.
Pour la relever trop, & la trop abaiffer,
Les Sages, à nos yeux, n'ont fait que l'éclipfer :
De nuit & de clartés mélange inconcevable,
La raifon n'eft donc pas ce flambeau fecourable,
Qui vers la vérité peut feul guider nos pas,
Et braver de l'Erreur les dangereux appas.

R A I S O N, Fille des Cieux, fiere de ta naiffance,
Souviens-toi, qu'à ton Dieu tu dois la dépendance ;
C'eft à lui de parler quand ta bouche fe tait.
De Dieu, *Bayle* lui-même exige ce bienfait :
La raifon, nous dit-il, impuiffante, infidelle,
Prouve qu'il faut qu'un Dieu nous parle & fe revele.

D I S-M O I de quelle erreur triompha la raifon ?

Du cœur qu'elle condamne elle eſt le noir poiſon.
Éclair vif, échappé d'un terrible nuage,
Elle annonce aux Mortels & la foudre & l'orage :
Torture de l'eſprit, & mere des remords,
Loin de les excuſer, nous reprochant nos torts ;
Du vice qu'elle hait, nous laiſſant les eſclaves,
Toujours ſans les briſer, elle voit nos entraves.

L'Homme par ſes déſirs ſe porte à la vertu ;
Il prend un foible eſſor, & retombe abattu.
Pourquoi tant de grandeur jointe à tant de baſſeſſe ?
J'apperçois dans mon ſein, & folie & ſageſſe ;
Un funeſte penchant, par mon cœur déteſté,
Dans le mal que je fais combat ma liberté.
Libre, eſclave à la fois, tout de glace ou de flamme,
Deux Êtres tour à tour ſemblent étre mon ame.

Enchaînant pour jamais & le vif & le mort,
Quel Tyran m'aſſigna le plus horrible ſort ?
Tels on vit les Sujets d'un Monarque farouche,
Sur un cadavre infeɛt, expirer bouche à bouche :
Dans le ſein de l'horreur du même embraſſement,
L'homme puni, comme eux, expire lentement.
D'une barbare main frappant ſa créature,
Ce Tyran ſeroit-il le Dieu de la Nature ?
Non ; je ne puis, grand Dieu, te connoître à ces
        traits ?
L'auteur de mon bonheur, l'eſt-il de mes regrets ?
Peut-on aſſocier un Dieu plein de clémence,
Avec un Dieu cruel opprimant l'Innocence ?

Si l'homme tel qu'il eft, eft forti de fa main ;
Dieu n'eft qu'un Monftre horrible , un Monarque in-
      humain :
De fes enfans chéris, .eft-ce donc là le Pere ?
Qui pourra pénétrer cet étrange myftere ?

L'Histoire eft le récit de nos triftes malheurs;
Et l'éternel témoin des humaines fureurs :
Funeftes monumens des crimes déteftables,
Là font les échafauds dreffés pour les coupables ;
Afyles bienfaifans , je vois les Hôpitaux
Sur une affreufe fcene étaler tous nos maux.
Privé de tout efpoir , s'il avoit tout à craindre ;
L'homme feroit, hélas ! l'être le plus à plaindre,
Je le vois, à la fois, méchant & malheureux,
Vil Enfant du hafard, victime de fes jeux.
Dieu, l'homme , fi le Ciel ne fe fait pas entendre ;
Sont l'énigme , tous deux, que l'on ne peut com-
      prendre :
En jettant un regard fur le fort des Mortels ;
Du Dieu qui les forma , tomberont les Autels.
Le lugubre avorton qui meurt avant de naître ,
L'homme au fein du néant, l'homme privé de l'être;
Sont moins à plaindre encor, que ces infortunés
De mille maux divers fans ceffe environnés.

Jusqu'au jour où la mort termine fa carriere ;
Suis l'homme dès le jour qu'il ouvre la paupiere ;
Il naît , & par fes cris annonçant fes malheurs,
Aux douleurs de fa mere , il mêle fes douleurs,

Infirme , foible , nud , la Nature marâtre
Les jette de ſon ſein ſur un ſanglant Théâtre :
Sur le rivage ainſi des pâles Matelots
Les cadavres épars , ſont vomis par les flots.
Quoi ! cet Enfant qu'un lange en ſon berceau reſ-
    ſerre ,
Un jour en Souverain gouvernera la terre ?
Il ſemble préſager le plus funeſte ſort ,
Et dès ſon premier jour , il s'avance à la mort ;
Qu'a-t-il fait ? Eh ! pour l'homme eſt-ce un crime de
    naître ?
Il endure un ſupplice , avant de ſe connoître.
Pline (1) , de s'égorger le funeſte pouvoir ,
De l'homme malheureux eſt donc l'unique eſpoir.
Non ; ce n'eſt point *Paſchal* , dont l'humeur impla-
    cable ,
De l'homme nous a fait le portrait déplorable :
S'il montre ſa miſere , il montre ſa grandeur.
Le ſeul bien , nous a dit de Rome l'Orateur ,
Conſiſte à n'être point , ou d'une aile rapide
A voler chez les morts , où le bonheur réſide.
L'audacieux Rival de la Divinité ,
Lucrece fait de l'homme un Monſtre déteſté ;
Et pour nous détacher de l'Auteur de notre être ,
Il peint un Dieu cruel , que l'on doit méconnoître.
A ta voix , ô *Lucrece* , aux accens des amours ,
Qui croiroit que nos pleurs duſſent couler toujours ?

---

(1) *Pline* , *Cicéron* , & les Sages de l'Antiquité , ont avancé
cette maxime horrible , dont les Anglois font ſouvent uſage,

Paſchal éleve l'homme alors qu'il le rabaiſſe.
Montagne ſur la terre, & le jette & le laiſſe ;
Pour mieux attaquer l'homme, & pour l'humilier,
Montagne, avec orgueil, oſe ſe décrier.
Croit-il nous conſoler par un triſte problême ?
Croit-il avoir peint l'homme, en ſe peignant lui-
　　　　même ?

》 M o n eſprit, nous dit-il, eſclave de mon corps,
》 Dépendant de mon ſang & de mille reſſorts,
》 Des ameres douleurs d'une brûlante bile,
》 Avec ſon compagnon, gémit, eſt imbécile.
》 S'il renaît un beau jour, ſi la ſanté me rit,
》 Je ſuis plus vertueux, je ſuis homme d'eſprit.
》 La vertu n'eſt chez moi, qu'une ſimple innocence,
》 Que produit le moment, l'humeur, ou l'indolence.
》 Au haſard entraîné ; mon propre jugement,
》 Entre le vrai, le faux, balance également ;
》 Et pour me décider dans mon incertitude
》 Un coup de dez vaut mieux qu'une profonde étude.

D é g r a d a n t l'homme ainſi, *Montagne* auroit-il
　　　　cru
Orner le jugement, l'eſprit & la vertu ?
Égarement étrange, où la raiſon ſe plonge !
Quand elle eſt à ſoi-même, elle eſt toute au men-
　　　　ſonge.
Exclure la raiſon, ne ſuivre que ſes loix,
C'eſt trop imiter *Bayle* & *Montagne* à la fois.
Seule, qu'a-t-elle fait ? par ſa lueur obſcure

A-t-elle diſſipé la nuit de l'impoſture ?
Son éclat peut renaître , & dans le ſein de Dieu
Ce flambeau , preſque éteint, peut rallumer ſon feu;
Rayon pur , échappé du Thrône de Dieu même,
Raiſon, l'emportez-vous ſur la Raiſon ſuprême ?
A l'immenſe Océan , tel un foible ruiſſeau
Compare avec orgueil le courant de ſon eau :
Telle ſur l'Apennin , une humble Taupiniere
Semble élever aux Cieux des Monts la cime altiere;
De la Raiſon divine oſons-nous ſéparer ,
La Raiſon qui ſans elle eſt prête à s'égarer ?
Des coupables erreurs qui ravagent le monde,
Cet orgueilleux deſſein fut la ſource féconde.

Notre orgueil s'érigeant un ſecret Tribunal,
Fit une vérité d'un menſonge fatal :
L'orgueil nous fit rougir d'être ce que nous ſommes;
La raiſon du plus fort, fut la raiſon des hommes.
L'homme rompant les nœuds du ſang, de l'amitié;
Brava toutes les Loix , ſe vengea ſans pitié :
La timide Équité fit place aux injuſtices ;
Aux dépens des Vertus régnerent tous les vices;
Sans l'appui de ſon Dieu, l'homme prétend marcher;
Errant à chaque pas, je le vois trébucher :
De l'Être impénétrable , oſant ſonder l'eſſence,
Outrageant ſes conſeils, jugeant ſa Providence,
L'Inſenſé fait toujours des efforts ſuperflus ;
Il méconnoît Dieu même , & ne ſe connoît plus :
Tantôt juſques aux Cieux, il éleve ſa tête;
Tantôt en rougiſſant, il s'égale à la bête.

Inventant tour à tour cent fyſtêmes divers,
De ſes folles erreurs, il remplit l'Univers ;
Des Grecs & des Romains, les Dogmes, les Maxi-
     mes,
Nous ont précipités d'abyſmes en abyſmes.
Ce qu'un autre, avant lui, nous donna pour clarté ;
Un Philoſophe altier l'appelle obſcurité :
Malgré tous les Sçavans & la Philoſophie,
Régna ſur l'Univers l'antique Idolâtrie ;
Lucrece plus hardi, déthrône tous les Dieux ;
Et d'atômes confus, il repeuple les Cieux.

PARLE à nos cœurs, enfin ; dis-nous, Être des
     êtres,
Si toi-même enſeignas ces Dogmes à nos Maîtres ?
Maîtres trop ténébreux pour nous dicter ta Loi :
Je n'écoute qu'un Maître, & ce Maître, c'eſt toi.
Le menſonge a-t-il pu renverſer ton empire,
Vérité ! . . . déſormais n'es-tu qu'un vain délire ?
Viens relever ton Thrône ; éclaire les Mortels :
Tu le dois, ſi tu veux mériter des Autels ;
Si le Ciel nous couvrit d'un éternel nuage,
De la terre, a-t-il droit, de demander l'hommage ?

QUE vois-je ? Mon Dédale ouvre ſon noir circuit :
Tu fais luire, grand Dieu, le jour après la nuit.
Ah ! tiens l'extrémité de mon fil ſecourable ;
Sur tes pas je découvre un ſentier favorable.

QUEL ſpectacle étonnant ſe préſente à mes yeux ?
                               Je

Je vois le Peuple Juif triompher des faux Dieux.
Dans le ſein du cahos de l'erreur ſacrilége,
De ce Peuple choiſi quel eſt le privilége ?
Il confond du menſonge, & l'adreſſe & l'effort ;
Il contraint l'Univers à s'écrier : J'ai tort.
Peuple tout différent des Peuples de la terre,
Il fait à l'Idolâtre une éternelle guerre.
Par ſon gouvernement, ſes dogmes & ſes mœurs ;
Des autres Nations, il proſcrit les erreurs :
Attentif & ſurpris, je veux du moins connoître
Quel eſt ce Peuple ſage, & qui s'érige en Maître.
Céleſte caractere, étrange nouveauté,
Seul il ſuit du vrai Dieu, le culte rejetté.
Ennemi déclaré des Dieux abominables,
Tige des Nations, il devance les fables.
Contre Solyme en vain Babylone s'arma ;
De ce tronc toujours pur, la Vérité, germa.

PAR tes Sages fameux, Grece ſi renommée ;
Toi le Temple aujourd'hui du Dieu de l'Idumée ;
Rome, qui vis le monde à tes pieds abattu,
Vous ignoriez Dieu même & l'aimable vertu.
Les augures honteux, le plus groſſier preſtige,
Ont rempli vos Héros de l'eſprit de vertige.
D'Ida la pierre antique eſt la mere des Dieux ;
Et le ſeul Juif adore un Maître dans les Cieux :
Que dit ce Peuple ſaint, qui ſauva ſa Patrie
Dés fers dont nous chargea la fiere Idolâtrie ?
Qu'un Dieu fit l'Univers, & que les Nations
De leurs Prêtres trompeurs, crurent les fictions.

E

DES peres aux enfans héritage authentique ;
Inconnu de la terre, il eft un Livre antique,
De la Création témoignage éternel,
Que ce Peuple prétend avoir reçu du Ciel :
De ce Livre facré, jaloux dépofitaires,
Ils produifent des faits les Témoins oculaires,
Et des prédictions, les grands événemens
Montrent au monde entier d'éternels monumens.
Laiffons le Juif aveugle attendre le Meffie ;
Son incrédulité prouve la Prophétie :
Mais un fait éclatant doit frapper l'Univers ;
C'eft la converfion de cent Peuples divers.
Des trepiés impofteurs vit-on jamais Oracle
Annoncer à la terre un femblable miracle ?
Quelle force invincible a pu changer les cœurs,
Et triompher des Dieux jufques-là nos vainqueurs ?

LES temps en font marqués, & la terre elle-même
De ces temps fortunés attend le jour fuprême :
Le Fils de Dieu paroît, & docile à fa voix
L'Univers convaincu fe foumet à fes loix.

SUR les vaftes débris de Temples & d'Idoles,
Des Grecs & des Romains renverfant les Écoles,
Enchaînant à fon char toutes les Nations,
Confondant les erreurs, réglant les paffions,
Soumettant les Sçavans aux plus profonds myfteres,
Montrant la vérité, diffipant les chimeres,
Le Chrétien triomphant fans l'appui des Mortels,
Par fon fang, du vrai Dieu cimente les Autels.

DANS'un temps où par-tout régnoit l'Idolâtrie,
Sur les bords de l'Euphrate, eſclave d'Aſſyrie ;
Daniel gémiſſant ſous le poids de ſes fers,
Voit un Libérateur, l'annoncé à l'Univers :
Il en marque l'époque ; on né péut s'y méprendre.
Ici la vérité frappe, & ſe fait entendre:
Lé Chriſt eſt renoncé ; ſon empire & ſa mort,
Aux lieux, aux temps prédits, ont un parfait rapport.

HOMME, au ſein du néant, ſerois-tú donc le maître
Dé marquer & le jour & l'heure où tu veux naître ?
Maître abſolu des temps prédits par Daniel,
Un Dieu ſeul à ſon gré put deſcendre du Ciel.
La Terre eſt dans l'attente, & le Chriſt vient au monde:
Soudain tout l'Univers ſort d'une nuit profonde.
Que de faits raſſemblés ! je vois un fier vainqueur,
De Solyme coupable abattre la grandeur,
Profaner le lieu ſaint, & l'Arche redoutable
Tombe ſous le pouvoir de l'Aigle abominable.

JACOB reçoit des fers des enfans d'Iſmaël ;
Pour jamais il n'eſt plus le Temple d'Iſraël :
Depuis ce jour fatal, par-tout dans les entraves,
Les enfans de Juda ſont traités en Eſclaves ;
Sans Roi, ſans ſacrifice, on les voit fugitifs,
Haïs de l'Univers gémir d'être nés Juifs :
De cette Nation la chûte étoit prédite,
Juſques aux temps marqués elle ſera proſcrite.

MES yeux fixent ma foi ; pourrois-je être ébranlé ?

E ij

Il eſt donc évident qu'un Dieu nous a parlé.
De ces traits ſi connus l'éclatante lumiere
Confond les préjugés de la Raiſon altiere.
Conſulte les Rabbins, ton cœur & nos ayeux (1);
Pour croire de tels faits il ne faut que des yeux.

VIENS, faiſons l'examen de ces Livres ſublimes;
Dont le ſage Chrétien ſuit les ſaintes maximes.
Sur les pas d'*Épicure*, ou du Stoïcien,
L'homme a-t-il pu trouver la ſource du vrai bien?
Veux-tu régler tes mœurs? aime l'homme ton frere;
Adore un Dieu puiſſant, aime-le comme un Pere.
Tel eſt le culte pur & deſcendu du Ciel,
Qu'à la Terre enſeigna le Fils de l'Éternel;
Simple, digne de nous, & digne de lui-même;
Du Dieu qui nous inſtruit, telle eſt la Loi ſuprême.

OUVRE les yeux, Mortel; à ton ſublime cœur
La Terre, dit ce Dieu, n'offre qu'un faux bonheur:

_____

(1) Les plus habiles Juifs des trois premiers ſiécles de l'Egliſe n'ont jamais conteſté la Prophétie de Daniel. Ils n'ont oſé diſputer que ſur la différence de l'Epoque du Chriſt, qu'ils ont placée un peu plus tard. Leurs calculs étant démontrés faux par l'événement, la Synagogue défendit, ſous l'anathême, de compter les jours de la venue du Meſſie. L'incrédulité de ce Peuple, prédite au même endroit du Prophete Daniel, & la diſperſion ſervent de preuve nouvelle à la Révélation. Voyez ce qu'en dit le ſçavant M. *Boſſuet*, Evêque de Meaux, dans ſes *Diſcours ſur l'Hiſtoire Univerſelle*. Il faut autre choſe que le ton fottement impérieux de nos ignorans incrédules pour affoiblir la force de ces faits.

Mépriſe les plaiſirs, flatteurs enfans du vice ;
Sois juſte, bienfaiſant, parle ſans artifice ;
Renonce à tes penchans, ſources de mille maux ;
A la félicité vole par les travaux :
N'écoute pas les cris de l'aveugle Nature ;
Apprends à pardonner la plus cruelle injure ;
Sois humble, & de la Foi reſpectant le bandeau ;
Emporte ta vertu dans la nuit du tombeau.

En vain, Reine orgueilleuſe, & toujours impuiſ-
        ſante,
La Raiſon nous vanta ſa lumiere brillante :
La Raiſon extravague, & le Chriſt, à mes yeux,
Eſt ſeul de la Raiſon le Dieu majeſtueux.
Du fond du cœur humain ſes Dogmes n'ont pu
        naître,
Si l'amour-propre en fut l'inventeur & le maître ;
En nous donnant un Dieu de notre cœur jaloux,
Auroit-il combattu nos penchans les plus doux ?
A l'homme eût-il appris la haine de ſoi-mème ?
L'eût-on vu par la mort chercher le bien ſuprême ?

Numa, Solon, Licurgue, adroits Légiſlateurs,
Ont-ils pu triompher des vices, des erreurs ?
Socrate, des faux Dieux renverſa-t-il les Temples ?
Entraîna-t-il les cœurs touchés de ſes exemples ?
Et les Grecs ébranlés, aux accens de ſa voix,
Du Dieu qu'il annonçoit ont-ils ſuivi les Loix ?
Socrate en priant Dieu, pour les Dieux ſe déclare ;
Prêchant la pauvreté, Séneque fut avare,

Et le divin *Platon*, de ce titre flatté ,
Dans les fers de l'erreur laiſſa la vérité.

    » Tous ces traits ſont frappans ; mais, dira l'Incré-
        dule ,
    » Ma raiſon doute encore , & n'eſt pas ſans ſcrupule.
    » Les contrariétés de ces divins Écrits ,
    » Animent la critique, & troublent les eſprits.
    » Le Chronologue trouve une date incertaine ,
    » Des Textes déplacés ſouvent on perd la chaîne.

    L'Auteur du *Pentateuque* écrit après ſa mort ;
Non. Mais un autre Auteur nous inſtruit de ſon ſort ;
Hiſtoriens ſacrés , ſucceſſeurs de Moyſe (1) ,
Les Scribes par des faits établiſſoient l'Egliſe :
Si quelquefois ſans ordre , aiſés à remplacer,
Quelques Textes épars ſemblent t'embarraſſer ;
A tous ces diamans, habile Lapidaire ,
Donne un rang, & fais voir leur beauté, leur lumiere.

    Si de la marge un mot dans le Texte paſſa ;

_____

(1) Moyſe avoit établi des Scribes , leſquels étoient chargés
d'écrire l'Hiſtoire du Peuple de Dieu. De-là vient que nous
voyons le Pentateuque lié ſur la fin à l'Hiſtoire de Joſué : ils
racontent la mort de Moyſe. Il faut que l'Incrédule ſoit le
plus ignorant des hommes , pour ne pas ſçavoir les fonctions
de ces Scribes. Voyez la Réfutation des difficultés de *Spinoſa* ,
dans *Jacques Abadie* ; voyez encore *Richard Simon* , dans ſa
Critique de la Bible : ces deux Hommes n'ont jamais paſſé pour
des cerveaux trop crédules.

Si de Sara l'Hiſtoire au haſard ſe plaça (1) ;
Critique peu ſenſé, la Bible eſt-elle un Livre
Enfanté par l'erreur & qu'il ne faut plus ſuivre ?
Ce Livre offre à tes yeux la plus vive clarté ;
Un Copiſte y put bien jetter l'obſcurité ;
Mais des faits les plus grands la fidelle mémoire
A pour garans le Monde, & la Fable & l'Hiſtoire.

T o u t e s les Nations connoiſſent l'Age d'Or,
Cet Age où l'innocence étoit notre tréſor. *
L'Age d'Airain, de Fer, dès les temps de la Fable
Montrent l'homme tombé, malheureux & coupable.
Le Huron, le Chinois, & le Cymmérien,
Hérodote des Grecs premier-Hiſtorien,
Du Déluge du monde atteſtent le miracle (2).

---

(1) Il y a des inverſions de Rouleaux, & par conſéquent
de Chapitres dans la Genèſe & dans Jérémie. Tout homme inſtruit, le ſçait. Il ne s'agit que de remettre chaque choſe à ſa
place, & c'eſt ce que l'on fait. Va-t-on traiter un Auteur de
menteur, parce que le Libraire a tranſpoſé pluſieurs pages de
ſon Livre ? Lorſque l'Incrédule fait des difficultés de cette eſpece, il mérite le plus ſouverain mépris.

(2) L'Incrédule qui admet néceſſairement l'élévation des eaux
du Déluge au-deſſus des montagnes de l'Aſie, & même au-
deſſus des plus hautes montagnes de l'Univers, parce que les
Nations Aſiatiques dépoſent toutes en faveur de ce fait, ne ré-
fléchit pas qu'il lui faut un nouveau miracle à lui-même pour
faire accroire à un Petit-Maître imbécile que ces eaux ont été
ſuſpendues pour ne pas retomber dans les plaines de l'Afrique
& de l'Europe. La Phyſique ſuffit pour confondre totalement un

Dira-t-on qu'ils ont pris Moyfe pour Oracle ?
Divifés de climat, de langage & de mœurs,
Ces Peuples étoient-ils d'un Juif les Sectateurs ?
Les Prophetes connus des Enfans d'Idumée
Ne parurent traduits qu'aux jours de Ptolémée.

A trois Fils échappés de la fureur de l'eau,
Mille Peuples divers confacrent leur berceau.
Les fuperbes Titans contre le Ciel en guerre
Nous marquent dans Babel les complots de la terre ;
Ainfi tout l'Univers, de ces événemens
Dans l'ombre de la Fable offre les monumens.

L'Incrédule croit-il, Critique téméraire,
En impofer toujours au ftupide Vulgaire ?
L'Infenfé niant tout, ne prouvant jamais rien,
Mérite le mépris qu'il prodigue au Chrétien.
En croira-t-on ce Juif, méprifable Prothée,
Spinofa tour à tour Chrétien, Déïfte, Athée,
Qui pour mieux avilir de Dieu même la voix,
De fon fouffle l'infecte, en outrage les droits ?
Qui ne pouvant nier les Écrits des Prophetes,
Sans ceffe avec mépris fait délirer leurs têtes :
Que blâme-t-il, enfin, malgré fos préjugés ?
D'un Texte indifférent quelques mots négligés (1);

Difcoureur de cette efpece. Les Afiatiques anciens & modernes
valent bien la peine qu'on les préfere en pareil cas à quelques
têtes folles.

(1) Les Scribes établis par Moyfe ont fait dans la fuite des
temps quelques courtes Remarques fur les Livres Saints, pour

Mais oſa-t-il jamais attaquer la ſubſtance
De mille traits marqués au coin de l'évidence?

Si de ces Livres Saints, les grandes vérités
Laiſſent près du grand jour quelques obſcurités,
Avec le pur flambeau d'une Critique ſage,
C'eſt à l'homme éclairé de chaſſer le nuage.
Laiſſons monter au rang des ſublimes Eſprits
Les ſots qui ſçavent tout ſans avoir rien appris.
Un Sçavant à demi ne cherche qu'à détruire,
Et prompt à tout combattre, il craint trop de s'inſ-
       truire :
Le préjugé le guide, effrayé du travail,
De ſa Nef à l'erreur, laiſſant le gouvernail,
Victime des rochers, des vents & de l'orage,
Avec elle il périt dans un commun naufrage :
Ainſi loin des écueils, ſur les tranquilles flots,
S'imaginant des mers ; les funeſtes complots,
Pour aller échouer ſur quelque banc de ſable,
Un Pilote inſenſé, quitte un vent favorable.

éclaircir certains faits. Quelques-unes de ces Remarques ont paſſé
dans le Texte par l'inattention des Copiſtes. Quel eſt l'homme
aſſez peu ſenſé pour rejetter les Livres de *Cicéron*, ſi un Copiſte eût fait paſſer dans ſes Ouvrages deux ou trois Notes de
quelque Auteur poſtérieur, qui marquât la différence du temps
où il fait cette Note, au temps où vivoit ce Romain ? Nous
n'avons aucune diſpute avec les Juifs ſur cet article : c'eſt cependant ce que l'Incrédule devroit prouver au Chrétien. Les Juifs
connoiſſent bien mieux leurs propres Livres que le Marquis
d'Argens, & le bon Chevalier *d'Et*.....

DANS la Langue des Juifs, très-peu d'hommes
  inftruits,
Fideles & Sçavans, en recueillent les fruits :
Vieilli dans les travaux d'une immenfe carriere,
Villefroy de l'Eglife implore la lumiere (1) ;
Et dans ces jours d'erreur, quelques hommes pervers
Plongés dans l'ignorance, inftruiroient l'Univers.

UN Siécle que l'orgueil nourrit dans l'indolence,
Étale un peu d'efprit, beaucoup de fuffifance ;
·Dans la nuit du menfonge *Hobbès* enfeveli
Outrageant Dieu lui-même à fes pieds avili,
Affrontant le Chrétien, méprifant le Déïfte,
Dit hardiment tout haut ; moi, je fuis Nihilifte !

NON, non, je ne crains pas, *Voltaire*, qu'avec lui,
Niant les vérités, niant Dieu, ton appui,
Tu penfes qu'à l'erreur, les Nations livrées,
Doivent du Nihilifte endoffer les livrées :
Ton efprit eft trop grand pour marcher fur les pas
D'un fou qui ne croit rien, & qui ne fe croit pas.

———————————————————————

(1) M. l'Abbé *Villefroy* eft plus célebre encore en Angle-
terre, en Pruffe, en Efpagne & en Italie, qu'à Paris, où il
eft regardé comme un des plus fçavans Maîtres de la Langue
Hébraïque. Lorfque l'Incrédule, par la fcience la plus profonde, aura mérité de l'Europe le refpect & l'attention, il fe fera
certainement mieux écouter que lorfqu'il affiche une ignorance,
dont il devroit rougir.

ÉPITRE QUATRIÉME,

SUR L'ORIGINE DU MAL.

AU joug de Jeſus-Chriſt, Philoſophe indocile,
Oiſif admirateur des Loix de l'Evangile,
Toi, dont le cœur flottant cherche la vérité,
Veux-tu bâtir un Temple à l'Incrédulité ?
Ton eſprit ſéduiſant a le grand art de plaire,
Que n'a-t-il de la foi l'humilité ſincere ?
A venger Jeſus-Chriſt, fais ſervir tes talens ;
En outrageant ſon nom les crois-tu plus brillans ?
Si tu veux embellir les dons de la Nature,
De la Religion prends la ſimple parure.
L'Impiété révolte, & l'Europe frémit
Des blaſphêmes affreux que ſa bouche vomit.

   » Q U O I ! dis-tu, ſous un Dieu qui ſe dit notre
         Pere,
» J'apperçois des enfans que pourſuit la miſere,
» Son amour n'a-t-il pu ſe répandre ſur tous ?
» Naiſſons-nous pour périr ſous ſes injuſtes coups ?
» Seul heureux, devoit-il former des miſérables,
» Nourris du ſang impur de leurs meres coupables ?
» Ne pouvoit-il, ce Dieu, nous rendre tous parfaits ?
» Quelle gloire pour lui de punir nos forfaits ?

INSPIRE-MOI, grand Dieu, ta gloire m'intéreffe !
Il n'eft plus de juftice, il n'eft plus de fageffe :
De l'Impie en fureur, qui menace les Cieux,
Viens, abaiffe la tête, & deffille les yeux.

ENFANT de l'Éternel, image de lui-même,
Objet de fon amour : quoi ! vous doutez s'il aime ?
Difcutant du Très-Haut les confeils & les droits,
Homme, vous murmurez contre fes juftes loix.

EST-CE lui qui créa les noirs forfaits du traître ;
De l'avare peu fenfible aux malheurs qu'il fait naître,
Du cruel parricide, & du fourbe envieux ?
Si l'auteur des forfaits, eft le Maître des Cieux,
Renverfe fes Autels. Ce Monftre abominable
Se plaît à nous punir d'un crime inévitable ;
Il fait germer en nous les funeftes penchans
Qui plongent l'homme aux feux deftinés aux mé-
                    chans :
Mais s'il eft dans les Cieux un Pere qui nous aime,
L'homme eft le feul coupable, accufe-le lui-même.

LE mal a quelque fource, & quel qu'en foit l'Au-
                    teur,
Il ne peut ufurper le rang de Créateur.
Par fes défordres l'homme ofa fouiller la terre :
Libre, il put irriter le Maître du Tonnerre ;
L'ingrat montrant les fers de la néceffité
Voulut anéantir fa propre liberté ;
Et pour ravir à Dieu fon cœur & fon hommage,

A la brute égalé prit ſon ſort pour partage :
Mais Dieu vouloit un Fils plus digne d'obéir,
Libre, né pour aimer, capable de haïr,
Dont l'amour animant la Nature muette,
De l'immenſe Univers fut le tendre interprête ;
Qui publiant ſon Dieu, célébrant ſa grandeur,
Offrit le pur encens de la plus vive ardeur.

Qu'il étoit beau le ſort du Roi de la Nature !
Alors que dédaignant la foible Créature,
Au Dieu qui de ſon front couronnoit la candeur,
Dans les feux de l'amour il immoloit ſon cœur.

Homme, jette les yeux ſur ton immenſe empire ;
Ce que contient la Terre, & tout ce qui reſpire ;
Les céleſtes flambeaux de ce vaſte Univers,
Tout ſemble t'obéir, dans mille emplois divers :
Des plus brillantes fleurs, le Printems te couronne ;
Roi, le Ciel eſt ton dais, & la Terre ton Thrône.
La Nature en travail, pour ſeconder tes ſoins,
Prépare tes plaiſirs, pourvoit à tes beſoins.

Ingrat.... quoi ! ſur ton Dieu ton eſprit témé-
          raire,
Rejette de ton ſang la tache héréditaire ?
Parle, orgueilleux Mortel ; la ſource des bienfaits,
Seroit-elle à la fois la ſource des forfaits ?
Si c'eſt Dieu qui cauſa de l'homme le naufrage ;
Il n'eſt donc point de Dieu digne de notre hommage ;
Parle ; de toi, de Dieu, quel eſt le criminel ?

Non, le péché n'eſt pas l'horrible enfant du Ciel,
L'homme s'eſt dégradé ; ce fait inconteſtable
Renverſe pour jamais l'Athéïſme exécrable.

» M a i s , dis-tu, tout eſt bien . . . . . . contre un
crime à punir :
Pourquoi vois-tu les Rois & les Peuples s'unir ?
Défenſeurs des humains, tuteurs de l'innocence ,
Les Juges de la Terre ont armé la vengeance.
Les échafauds, le fer, les braſiers & la mort,
Menacent les méchans du plus funeſte ſort :
Toutes les Nations ont allumé des flammes ,
Pour punir aux Enfers, ces déteſtables ames,
Dont le crime effraya le Payen conſterné,
Et l'homme s'éleva contre l'homme effrené.
Avant qu'on annonçât ce dogme à la Judée ,
Memphis avoit du mal & la haine & l'idée.
Avant le Conducteur du Peuple d'Iſraël,
L'Univers devinoit un vice originel.
On puniſſoit de mort : le cœur eut ſes allarmes ,
Et du juſte tremblant on eſſuyoit les larmes.

» P o u r q u o i l'homme en naiſſant, vers le crime
panché ,
» Porte-t-il dans ſon ſein le germe du péché ?

T u le vois, il eſt vrai, dès ſa tendre jeuneſſe ,
Vers le vice entrainé, mépriſer la ſageſſe ;
Là vérité l'offenſe ; il en craint le flambeau ;
L'homme d'un tronc impur eſt un impur rameau.

Qui reçoit dans fa tige une féve adultere.
Tel on voit un enfant hériter de fon pere
Un mal contagieux qu'il n'a pas mérité,
Et qu'il tranfmet lui-même à fa poftérité.

D'où peut venir, hélas ! notre chûte terrible ?
‹‹ A l'amour d'un Dieu pere, eft-il rien d'impoffible ?

NON. Vous chaffant du Ciel aux forfaits défendu,
Votre liberté feule, Homme, vous a perdu.

L'HOMME s'en prend à Dieu de l'avoir créé libre ;
Quel ufage fait-il de fon fier équilibre ?
Aux yeux de fes égaux, fans probité, fans foi,
Le vice eft de fon cœur & l'arbitre & la loi :
Devoit-il donc, ce Dieu, pour éviter fa haine,
L'aveugler par l'inftinct, & le mettre à la chaîne ?
Éteindre la raifon ; fi malgré ce flambeau,
Il ferre fur fes yeux le plus épais bandeau.
Pour un crime odieux, dans l'homme inexcufable,
D'où vient la vive horreur, fi rien n'étoit blâmable ?

‹‹ DIRA-T-ON que fuivant fes plus chers intérêts,
‹‹ L'homme arrête le mal qui feroit des progrès ?
‹‹ Que la Société fe défend par les armes,
‹‹ Pour vaincre un ennemi, fource de fes allarmes ?
‹‹ Mais qu'aux Cieux on ignore un horrible deffein,
‹‹ Que forma fur la terre un barbare affaffin ?

UNE raifon bornée, en fuppofe une immenfe ;
Diras-tu que ton Dieu n'a point d'intelligence ?

Serois-tu plus que lui, jufte, fage, attentif?
Eft-il de tes forfaits le fpectateur oifif?

» Je t'entends.... tout eft bien. Le mal eft une
    fable ;
» Le vice rend en nous la vertu plus durable :
» Le péché n'eft le fruit que d'un foible cerveau ;
» C'eft l'ombre néceffaire au plus parfait tableau :
» Le plaifir nous rend doux , & la colere , juftes ;
» Souvent l'ambition fit des Princes auguftes.
» L'orgueil fait la bravoure & la noble fierté ;
» A côté de l'erreur brille la vérité.

Mais réponds à ton tour. Si tout eft en fa place,
C'eft donc injuftement qu'un Monarque menace :
Va de fes préjugés détromper l'Univers.
Va dire aux Nations dans tes dogmes pervers :
» Détruifez de vos Loix, l'horrible tyrannie ,
» De vos foibles Ayeux ridicule manie ;
» Apprenez le grand art de dérober aux yeux
» Des crimes qui jamais n'ont offenfé les Cieux,
» Voleurs, affaffinez ; mais qu'un Juge févere
» Ne puiffe d'un forfait dévoiler le myftere :
» Plus fcélérat encor, plus habile à tromper,
» Que dans la nuit le fourbe aille s'envelopper ;
» Qu'à l'ombre des vertus , l'hypocrite perfide
» Soit un inceftueux, un traître, un parricide ;
» Que la loi du plus fort, foit la loi des Mortels,
» Et que d'un Dieu vengeur on brife les Autels.
» Le crime le plus noir n'irrite que la Terre ,
                         » L'homme

» L'homme esclave a trop craint le Maître du Tonnerre ;

» Les tourmens éternels de l'Enfer ténébreux,

» De ces lieux redoutés les implacables feux

» Naquirent des fureurs de la haine impuissante ;

» L'orgueil bâtit le Ciel pour sa tête insolente :

» Le préjugé jettant un bandeau sur vos yeux,

» Du Ciel qui s'entr'ouvroit fit descendre des Dieux.

» La crainte aux yeux hagards fit des Démons hor-
ribles :

» La superstition fit des Dieux invisibles.

» Le plus fort apprit l'art d'asservir les humains ;

» Et la foudre du Ciel sembloit armer ses mains ;

» Brisez le joug des Loix ; l'homme est ce qu'il
doit être,

» Quiconque le contraint est un injuste maître.

Je t'arrête..... Homme aveugle ; est-ce la vérité
Qui dicta ces leçons au monde épouvanté ?
Le crime est donc permis, & la vertu détruite ;
Ton cœur dans l'équité trouve un frein qui l'irrite.
Coupable de forfaits, & bravant l'avenir,
Tu blasphêmes ton Dieu, s'il ose te punir :
Sur ce plan, d'un État régle la Politique ;
Quel horrible cahos dans une République,
Dont on proscrit les Loix, la sagesse & les mœurs ;
Pour y faire régner les crimes, les fureurs ?
Le poignard à la main, sur le corps de son frere,
Un Fils ambitieux égorgera son pere ;
Et traître à la Patrie, un Citoyen ingrat,

F

Fera couler le fang du Roi, du Magiftrat.
Ah ! fi la vérité te dicta ces maximes,
Comment en voit-on naître en foule tous les crimes?
Et comment du menfonge, obfcur Légiflateur,
Le Chrift fait-il germer les vertus dans mon cœur ?

En vain contre ce Dieu l'impiété s'obftine :
En l'homme il eft un mal ; l'homme en eft l'origine.
Le nœud de ce myftere eft dans la liberté,
Et la raifon n'eft plus fans cette faculté.

Quels cris de toutes parts annoncent le blaf-
          phême ?
Le remord dans le cœur, le fcélérat lui-même
Ennemi de fon Dieu , méprifant fes bienfaits,
Ofe s'en prendre à lui des crimes qu'il a faits :
Il fut feulement homme ; & fans cette barriere
L'orgueil l'égaleroit à Dieu fon adverfaire.

Moins éclairé, fans doute, & plus fage que nous,
Platon crut que d'un Dieu méritant le courroux,
L'homme ici-bas puni, fans qu'il puiffe s'en plaindre
Expioit un forfait qu'il devoit fuir & craindre :
C'eft ainfi qu'au travers des ombres de l'erreur,
Ce Grec de la raifon fondant la profondeur,
Ne pouvoit concevoir , l'homme enfant d'un Dieu
          pere ,
Coupable & révolté , fans admettre un myftere.

›› Mais, diras-tu, le mal par les Loix enfanté,
›› Eft une vieille erreur de la Société ?

Plus forte que les Loix, la Loi de la Nature,
Condamne le pervers, le fourbe, le parjure;
Si contre l'adultere, ignoré du Romain,
La Loi n'eût pas prévu le crime de Tarquin,
La Loi de tous les cœurs, toujours ſainte & ſévere,
N'eût pas moins condamné cet infâme adultere.

» Dieu néglige, dis-tu, des aveugles Mortels,
» Les vices, les vertus, le culte, les Autels:
» Et le mal & le bien chez eux ſont un langage,
» Qu'ils ont imaginé pour leur propre avantage:
» L'homme combat le vice, & peut bien s'en bleſſer,
» Mais aux Cieux, Dieu jamais ne peut s'en offenſer.

Quel horrible langage! eh! quel affreux ſyſtême
Brave tout à la fois la raiſon & Dieu même!....
Sans témoignage, enfin, de la Divinité,
L'homme ne ſuit donc plus qu'une vaine clarté,
Pour ſes yeux égarés lueur peu ſecourable,
Qui lui montre au faux jour le juſte & le coupable.

Toi, qui de *Spinoſa*, dans tes Vers enchanteurs,
Attaque l'Athéiſme & les ſombres erreurs:
Toi, qui de la vertu reconnois tous les charmes,
Aux armes du Chrétien, viens réunir tes armes.
Voltaire, conviens donc, qu'il eſt un mal réel,
Et que l'homme ne peut en accuſer le Ciel.

ÉPITRE CINQUIÉME,

SUR LA RÉSURRECTION.

SANS m'arrêter, *Voltaire*, à cent raiſons frivoles,
D'un eſprit pointilleux imbéciles Idoles ;
Je veux confondre, enfin, ton incrédulité,
Et montrer à tes yeux Jeſus reſſuſcité :
Si ce fait à jamais demeure inconteſtable,
La Vérité brillante, avec ſa main aimable,
Va de ton front ſuperbe arracher le bandeau.
Trois jours après ſa mort, du ſein de ſon tombeau,
Jeſus avoit promis de ſortir plein de gloire ;
Eſt-il un impoſteur ? C'eſt à toi la victoire :
Mais de la pâle Mort, s'il briſa les liens,
Tu croiras donc, enfin, les Dogmes des Chrétiens.

QUEL Homme, dis-le-moi, Vainqueur de la Mort
         même,
Put ſortir du tombeau par ſon pouvoir ſuprême ?
L'Auteur ſeul de la vie a pu le rappeller,
Et dans un ſang glacé le faire circuler.

CE prodige eſt prouvé par les yeux des Apôtres ;
Tu veux de fiers Témoins ; nous n'en avons point
         d'autres :

Au milieu des tourmens, des flammes & des fers;
Ils parlent : Sous leurs Loix ſe range l'Univers.
Quoi ! l'Europe éclairée, & l'Afrique & l'Aſie,
Dupes tout à la fois de cette frénéſie,
Ont cru qu'un Juif obſcur s'étoit reſſuſcité,
Sans ſe convaincre avant de cette vérité ?
Plus voiſin de ces temps, & plus que nous habile,
Le Romain ſe ſoumet au joug de l'Evangile ;
Et le Grec mieux inſtruit dans l'art de diſputer
Embraſſe notre foi, ceſſe de conteſter.

   » D'une erreur qui régnoit, dans une erreur pro-
        fonde,
» Tu dis que douze Juifs entraînerent le monde.

   Est-ce un fait incertain, qu'au haſard ils ont cru ?
De nos yeux, diſent-ils, nous-mêmes l'avons vu.
Quel prodige étonnant ! ce ſimple témoignage
Des Sages, des Sçavans, mérite le ſuffrage ;
Ce fait ſi révoltant, comme un fait avéré,
Eſt de tout l'Univers le Dogme révéré.

   » Les Chrétiens ſont trompeurs . . . . . . comment
        pouvoient-ils l'être ?
Cet art fourbe & profond, l'ont-ils appris ſans maître ?
Inſinuans Docteurs, jaloux de leurs talens,
Vont-ils dans les Palais pour y flatter les Grands ?
Les voit-on employer la ruſe, l'artifice ?
Dans les cœurs trop légers, réveiller le caprice,
Et tendre un piége adroit à la crédulité ?

                    F iij

Étoient-ils revêtus de cette autorité,
Qui fait avec orgueil plier la multitude ?
Sont-ils en Iſraël fameux par leur étude ?
Trouvent-ils des appuis chez les Rois, les Céſars ?
Pour ſe défendre, ont-ils des Soldats, des remparts ?
Annoncent-ils un fait, naturel, vraiſemblable ?
Et craint-on d'irriter un parti formidable ?
N'oſe-t-on de leur Secte arréter les progrès ?
De leur Dogme inſenſé quel ſera le ſuccès ?
N'oſent-ils au grand jour expoſer ce myſtere,
D'un complot odieux ridicule chimere ?
·Veulent-ils ſoulever les eſprits factieux ?
Voit-on dans leurs diſcours ces ſoins induſtrieux,
Que prend un impoſteur prêt à ſe contredire ?
Contre un menteur toujours la vérité conſpire.
Tôt ou tard ſon éclat ſe montre & le ſurprend :
Ont-ils tout à gagner ? eh ! quel eſt leur garant ?
Mais s'ils ſont démentis, que n'ont-ils pas à craindre ?
A quoi peut aboutir leur grand deſſein de feindre ?
Eſt-il chez le Romain, chez le Juif en fureur,
Quelque nouveau motif pour embraſſer l'erreur ?

Discoureurs inſenſés, qui, d'un Peuple mobile,
Amuſent le loiſir & l'eſprit imbécile ;
Les vit-on mépriſés ? Dans un obſcur oubli
Le parti des Chrétiens fut-il enſeveli ?
A-t-on dit ; laiſſez-les. Cette fable groſſiere
Ne pourra du grand jour ſoutenir la lumiere :
Eſt-ce ainſi que parloit le Juif déconcerté ?
L'Univers admira leurs mœurs, leur probité,

Leur mépris pour la vie & leur douceur charmante,
Leur courage invincible, & leur vertu touchante.

V I T-o N jamais Acteurs moins propres à tromper,
A féduire le monde, & le préoccuper ?
Quel projet mal conçu ! quelle rare manie !
Mœurs, éducation, caractere, génie,
Profeffion, naiffance, en eux tout eft rempant.
Talens, fcience, efprit, en eux rien n'eft frappant.
Quoi !.les hommes obfcurs, ont-ils le don fublime
D'entraîner l'Univers, de gagner fon eftime ?

Po u R étayer l'erreur, & lui donner du cours ;
Ménageant avec art de captieux détours ;
Cherchent-ils le fecret de rendre plus probables,
Aux yeux du monde entier leurs Dogmes incroyables ?
Sans craindre de bleffer la raifon & fes loix,
Du Dieu qui les remplit, ils font tonner la voix.

C o N T R'E U x de toutes parts s'élevent les Puif-
fances ;
Je vois fondre fur eux les fureurs, les vengeances ;
Quoi ! les Tyrans, le fer, & les feux & la mort
Ne peuvent dans leur cœur exciter le remord ?
Pour la vérité même eft-on plus infléxible ?
D'où vient dans des menteurs ce courage invincible ?
Sans craindre qu'on attaque un difcours infenfé,
Ils parlent dans les lieux où le fait s'eft paffé :
Animés par l'amour de leur fouverain Maître,
Pour un Dieu Tout-puiffant, ils le font reconnoître.

S i d'un fourbe ils ont vu le ſupplice honteux ;
Pourquoi parler ? L'erreur eſt palpable pour eux.
Si le Chriſt a manqué d'accomplir ſa promeſſe ,
Pourquoi ne pas alors agir avec ſageſſe ?
Se retraƈter enfin , s'accommoder au temps ,
Le crime a-t-il le droit de nous rendre conſtans ?
Mais leur proiet affreux , n'a que des fruits ſtériles.
A quoi prétendent donc ces impoſteurs habiles ?
Aucun de ces motifs ne les a ralentis.
Les redoutables coups que leur Chef a ſentis,
N'accableront-ils pas un parti mépriſable ?
Tout s'apprête contr'eux ; le Juif eſt implacable.
La mort les ſuit par-tout. Quoi ! pour un impoſteur
Vont-ils ſacrifier leur vie & leur bonheur ?

A défendre ce fait, ils trouvoient mille obſtacles ;
Ils devoient donc parler de tant d'autres miracles,
Et ſans bleſſer le Juif par des cris imprudens ,
Ne dire leur ſecret qu'à quelques Confidens :
Le font-ils ? Mais un trait acheve de les peindre ,
Leur probité jamais eut-elle rien à craindre ?
Malgré la cruauté de leurs perſécuteurs ,
A-t-on penſé jamais à décrier leurs mœurs ?

E s t - c e ainſi que le Fourbe annonce le men-
ſonge ?
Le Chrétien ſéduƈteur croit l'Enfer, il s'y plonge.
Inconcevable énigme ! Eh ! qui peut l'expliquer ?
Il fabrique une erreur facile à démaſquer.
Quel exemple a-t-on vu d'une telle impoſture ?

Elle combat la loi que dicte la Nature.
Qu'on produiſe un ſeul homme aſſez dénaturé,
Pour ſceller de ſon ſang un menſonge avéré.
La Nature ne peut, s'oubliant elle-même,
Perdre le bien préſent, perdre le bien ſuprême :
Elle a pour le bonheur d'invincibles attraits,
Et ne peut point trahir ſes plus chers intérêts.
Pour une fauſſeté viſible & reconnue,
A quel point de fureur ſeroit-elle venue ?
Quel Fourbe a pu jamais, en affrontant la mort,
De ſang-froid ſe livrer au plus funeſte ſort ?
Menteur, qui des Mortels deſſille les paupieres ;
Quoi ! le Chrétien renonce à ſes propres lumieres,
Sans craindre de mourir pour un menſonge affreux,
Il nous fait du menſonge un forfait monſtrueux.

D É ï s t e, je ſoutiens ce point inconteſtable ;
Que le bonheur ſoit faux, ou qu'il ſoit véritable,
On ne peut rien vouloir, ſans vouloir être heureux.
Cet invincible attrait enchaîne tous nos vœux :
De notre liberté, ce déſir eſt l'eſſence ;
Elle tombe ſans lui, dans l'oiſive indolence.
Otez-lui cet amour, elle n'aime plus rien :
Enfin, elle n'eſt plus ſans ce ferme ſoutien ;
Ce penchant imprimé des mains de la Nature,
Centre de notre cœur, guide la Créature.
Principe & ſûre fin de notre activité,
Tout ſe rapporte là dans le cœur agité :
De replis en replis, ſuivez ſa vive trace,
Vous irez à ce point néceſſaire, efficace,

Qui, des actes humains, dévoile les reſſorts,
Et de la liberté régle tous les efforts.

Q u o i ! le Chrétien prodigue & ſon ſang & ſa
vie ?
D'une félicité, dont la ſource eſt tarie,
Eſt-il quelque eſpérance au ſéjour des regrets ?
Il s'agiſſoit pour lui des plus vifs intérêts.

» U n préjugé reçu ſuffit pour nous ſéduire :
» Le Fanatiſme a pu le porter au martyre ;
» Une pieuſe erreur renverſe la raiſon,
» Et de l'enthouſiaſme inſpire le poiſon.

L a honte de quitter une erreur peû ſuivie
Dut-elle l'emporter ſur l'amour de la vie ?
Les Chrétiens dans l'erreur étoient envelopés ;
Les gens de bien, comme eûx, avoient été trompés :
Mais pourquoi s'expoſer à des tourmens extrêmes,
Pour prêcher une foi qu'ils n'ont pas crue eux-mêmes ?

L e u r s diſcours cependant, pleins d'un ſublime
feu,
Embraſent l'Univers de l'amour de leur Dieu :
Ils verſent tout leur ſang poûr le Chriſtianiſme,
Sont-ils par déſeſpoir tombés dans l'Athéïſme ?

J e me trouble . . . . . grand Dieu ! . . . non, je ne
comprends pas
Que les fourbes Chrétiens affrontent le trépas . . . . .

Ce combat inoui d'action, de croyance,
Détruit du cœur humain l'harmonie & l'eſſence :
Victime de la mort, captiver ſes déſirs,
S'arracher au repos plus doux que les plaiſirs,
Pour annoncer au monde un menſonge effroyable ;
Ç'eſt montrer à la terre un forfait incroyable.

„ L'aveuglement ſuffit ; & la crédulité
„ Peut donner à l'erreur, l'air de la vérité.

Regarde les Chrétiens, à la mort de leur
       Maître,
Flottans, déconcertés, prêts à le méconnoître ;
Comment écoutent-ils ce prodige important ?
Tout fait eſt faux pour eux, s'il n'eſt pas évident.
Jeſus avoit prédit cet éclatant miracle ;
Mais ils ne comptent plus ſur ce célebre Oracle.
Sa mort les avoit tous abattus, conſternés,
Et des bras du menſonge, ils ſortoient étonnés.
Ont-ils cru de leur Dieu, la victoire immortelle ?
Non. D'eſprits prévenus c'eſt un ſonge infidele ;
Que diſent d'Emmaüs les triſtes voyageurs ?
Ils rougiſſent déja de leurs vaines erreurs :
Ils craignent d'embraſſer un préjugé frivole ;
Tout afflige leur cœur, & rien ne les conſole :
Agités par la crainte & par le déſeſpoir,
Ils veulent par leurs ſens ſe convaincre, & tout voir.

Jesus a triomphé de la mort parricide ;
Le Diſciple éperdu le voit d'un œil avide :

Il apparoît à tous, ce Vainqueur de la Croix ;
Et fe fait reconnoître aux accens de fa voix.
Thomas étoit abfent ; cet Apôtre indocile
Rejette ce difcours comme un difcours futile.
Pouvoit-il des Chrétiens ignorer la candeur ?
N'importe ; il veut porter fes mains fur le Sauveur,
On le trompe peut-être : on cherche à le furprendre ;
Il demeure incrédule , & ne veut rien entendre.
Ici la vérité brille au milieu des faits ,
Et n'a pour ornement que fes fimples attraits.
Qui convainc le Chrétien ? c'eft donc cette évidence
Qui ne reffemble point à la vaine apparence,
Et qui prend dans les fens fa force & fa clarté :
Ont-ils pris une erreur pour une vérité ?
Dix apparitions palpables , fucceffives,
De cet événement font les preuves naïves ;
Les Apôtres l'ont cru fur la foi de leurs yeux ;
Et ce fait à jamais refte victorieux.

Qu'OPPOSE enfin le Juif à ces traits de lumiere ,
Dont l'éclat triomphant éblouit fa paupiere ?
Dévoile-t-il aux yeux l'erreur qui fe détruit ?
Non ; loin de la confondre , il en fufpend le bruit :
De ce menfonge affreux montre-t-il l'évidence ?
De l'Univers féduit a-t-il pris la défenfe ?
La feule vérité d'un fait eft le foutien ;
Le monde , fous fes yeux , eft devenu Chrétien.

»MAIS il crut voir mourir l'obfcur Chriftianifme;
»La vérité toujours néglige le fophifme :

» Son modeſte ſilence aſſoupit quelquefois
» Des dogmes turbulens qui renverſent les Loix.
» Mépriſables enfans d'une maligne audace,
» Le temps ſçait les confondre, & l'oubli les efface.

O u i ; mais lorſque l'erreur eût oſé triompher,
Le Juif ne dut-il pas la vaincre & l'étouffer ?
Il falloit que ſa bouche en argumens féconde,
Tonnant de toutes parts pour détromper le monde,
Sauvât la vérité d'un naufrage prochain,
Et le nom d'Iſraël d'un opprobre certain ;
Il falloit pas à pas ſuivre ce noir myſtere,
Et renverſer Jeſus du Thrône de ſon Pere ;
Eſt-ce par les tourmens, les feux & les priſons,
Qu'on entraîne les cœurs, qu'on détruit les raiſons ?
La Synagogue alors en grands Hommes fertile,
Vit en foule le Juif embraſſer l'Evangile ;
Que dit-elle en fureur ? ce que l'abſurdité
A de plus mépriſable & de moins concerté :
» Les Apôtres trompeurs, capables de tout faire,
» La nuit ont enlevé le corps de ce Fauſſaire.

M a i s que peut contre un fait un vain raiſonne-
· ment ?
Le Sanedrin plongé dans ſon aveuglement,
Lui-même ſe trahit par ſa propre conduite.
De Soldats aguerris une troupe d'élite,
Par ordre du Sénat a gardé le tombeau :
L'attention par-tout a porté ſon flambeau ;
Pour bannir à jamais tout ſujet d'impoſture,

Le fceau facré des Loix en défend l'ouverture.
On prend pour réuffir d'infaillibles moyens :
Tremblans, craignans la mort ; quoi ! les foibles
　　　　　Chrétiens,
Habiles à faifir un moment d'indolence,
Ont trompé des Soldats l'exacte vigilance ?

　　» C'est la nuit, réponds-tu, qu'ils ont exécuté
» Ce projet fi hardi, fi bien prémédité :
» Au charme du fommeil la Garde étoit livrée,
» Et du libre fépulchre ils ont forcé l'entrée.

　　Des Chrétiens triomphans, aveugles ennemis,
Vous produifez contr'eux des témoins endormis.

　　Pour tirer du tombeau la pierre formidable,
Le bruit de mille efforts étoit inévitable :
Fit-on ces mouvemens au milieu des Soldats,
Sans qu'un feul de fa chûte entendît les éclats ?
Tout devoit allarmer la plus fiere conftance.
Le calme de la nuit, par fon profond filence,
Si peu propre à ces coups bruyants, tumultueux,
De là pierre augmentoit le poids impétueux.
Des coupables Chrétiens, quoi donc ! les mains trem-
　　　　　blantes,
Frapperent fans effroi les pierres gémiffantes ?
En dépit du bon-fens qu'il voulut infulter,
Eft-ce ainfi que le Juif a cru nous réfuter ?

　　Mais où tend le Chrétien ? cette fraude couverte

Pour le Chrétien pervers tournoit à pure perte :
Partiſan malheureux du plus vil impoſteur,
S'expoſa-t-il lui-même au plus affreux malheur ?
Non ; ces traits raſſemblés reſteront ſans réplique,
Mais du fier Incrédule attaquons la critique.
Si le Chrétien encor guidé par la raiſon,
En put appercevoir le plus foible rayon,
Dans ce lieu que le Juif rendoit inacceſſible,
A-t-il exécuté ce projet impoſſible ?
Fera-t-il adorer ſon Maître comme un Dieu ?
Oui ; mais ſi le haſard dans ſon aveugle jeu
Renverſe ce deſſein, le Juif a la victoire,
Et le Chrétien perfide a flétri ſa mémoire.
Ennemi déclaré de la Religion,
Jeſus-Chriſt pour jamais en exécration,
Ne ſeroit à nos yeux qu'un monſtre ſans exemple,
Qui, pour déthrôner Dieu, va s'aſſeoir dans ſon
  Temple.

  Q U E L projet pour des cœurs par le crime agités
Que de juſtes frayeurs ! que de difficultés
Aux yeux d'une raiſon que conduit la prudence
Auroient dû balancer un degré d'eſpérance !
Pour un ſentier douteux, cent pouvoient égarer,
Le Ciel pour des menteurs va-t-il ſe déclarer ?
Mais comment réparer un contretems funeſte,
S'il en naiſſoit un ſeul par la bonté céleſte ?
Réponds-moi, croiras-tu, que prêt d'être égorgé
Le Chrétien expira pour un vain préjugé ?
Qu'aveugle par ſyſtème, il courut à ſa perte

Pour fentir une erreur à fes yeux découverte ?

L'Histoire des Chrétiens les repréfente tous
De leur propre intérêt, inquiets & jaloux ;
Craintifs & chancelans, fans force, fans courage,
Ils ont abandonné leur Maître dans l'orage ;
Une Efclave à fa voix les fait rougir de lui :
De ces Monftres pervers, quel fut le ferme appui ?
Devenus fi hardis pour le plus grand des crimes,
Qui remplit donc d'ardeur ces cœurs pufillanimes ?

» Versant à pleines mains les plus riches bien-
       faits,
» Ont-ils gagné des cœurs tout livrés aux forfaits,
» Vils efclaves de l'or, dont la fcélérateffe,
» N'avoit jamais connu ni dangers ni foibleffe ?

Mais que pouvoit pour prix de ce menfonge affreux
Leur offrir le Chrétien obfcur & malheureux.

» Dira-t-on que leur cœur devenu moins avide,
» Sçut alors méprifer un intérêt fordide ?

La fortune opulente a le droit d'ordonner
Un crime avantageux qu'elle peut couronner ;
Mais la foible indigence obfcure & vertueufe,
N'eft point des grands forfaits la mere audacieufe :
Que n'auroit pas donné le Juif pour tout fçavoir ?
L'or fur des cœurs vendus n'eût-il plus de pouvoir ?

Si Jefus-Chrift eft mort, fans retour à la vie,
                                    Follement

Follement enyvrés d'audace & de manie ,
Je vois douze Pêcheurs à l'Univers dompté ,
Perſuader qu'un Juif s'étoit reſſuſcité :
Adverſaire éclairé de la nouvelle fable ,
Le genre humain ſuivit une erreur mépriſable.

ON dira donc un jour à nos neveux ſurpris :
Les Chrétiens impoſteurs ont ſéduit les eſprits.
Sans preuves pour convaincre , & ſans talens pour
         plaire ,
Expirans ſans eſpoir pour un Viſionnaire ;
Ils ont fait adorer un Dieu mort ſur la Croix,
Anéanti l'orgueil des Sçavans & des Rois.
Les Grands, les Magiſtrats , avec la multitude ,
Tout ſentit de leur joug l'auſtere ſervitude.
Malgré l'abſurdité d'un ſyſtême odieux ,
L'Univers effrayé vit renverſer ſes Dieux.
Le Capitole altier ſoudain tombe en ruine ,
Et la ſuperbe Rome adopte leur Doctrine.
Durs ennemis des ſens & de la volupté ,
Ils répriment des mœurs la douce liberté :
Au cœur, à la Nature , ils déclarent la guerre ;
O prodige ! ils ſont crus des heureux de la terre.
Le Sage convaincu demeure terraſſé,
Renonce à ſon orgueil, & ſe croit inſenſé :
Ces habiles trompeurs arrachent dans le monde
De cent cultes honteux la racine profonde.
De nos vieux préjugés, redoutables vainqueurs,
Je les vois triompher des eſprits & des cœurs.
On pourra dire un jour à la terre irritée ,

G

Ce que ne put des Rois la main fi refpectée.
Ce grand pouvoir qui pofe & brife les Autels,
Jadis fut accompli par les plus vils Mortels.

» Mais l'Homme ne peut point comprendre ce
   miracle ;
» La mort met à la vie un invincible obftacle :
» A des mufcles perclus rendant le mouvement
» Un mort peut-il créer foudain le fentiment ?
» Au fein d'une machine en foi décompofée ;
» Comment d'efprits vitaux une fource infufée,
» Dans la nuit du tombeau nous peut-elle éclairer,
» Rétablir nos refforts & les régénérer ?
» Le néant feroit-il le principe de l'être?

  Quoi ! l'Auteur de la vie, Homme qui t'a fait
    naître ;
Le Dieu, qui de ton cœur anima le reffort,
Ne peut-il à fon gré triompher de la mort ?
Celui qui du néant fit fortir la lumiere,
Cette ame que tu fens, qui te guide & t'éclaire,
Ne peut-il, à tes yeux, par fa fuprême loi,
Faire une fois pour lui ce qu'il a fait pour toi ?

» Un Dieu fage, dis-tu, pour nous & pour fa
   gloire ,
» Devoit de ce prodige illuftrer la mémoire,
» Recourir au moyen le plus court, le plus fûr,
» Pour dégager ce fait de tout nuage obfcur ?
» Sa caufe, avec la nôtre, y fut intéreffée :

» A quoi ſert une Foi ſi ſouvent balancée ?
» Il confondoit par-là ſes plus fiers ennemis,
» Et le monde incrédule auroit été ſoumis.

Ré pon d,s-m o i : Falloit-il que tout couvert de
   gloire,
A chaque homme il montrât l'éclat de ſa victoire ?
Aveugle diſcoureur, cinq cents Témoins l'ont vu
Remonter dans les Cieux dont il eſt deſcendu :
Dieu n'exiſte donc point, ſi Dieu n'eſt point viſible.
Cet Être, dont l'eſſence eſt incompréhenſible,
Vas-tu l'anéantir s'il ſe cache à tes yeux,
S'il ne ſe fait toücher à l'homme audacieux ?

Pour détruire des faits crus de la terre entiere,
Il faut un autre ton, qu'un mépris téméraire ;
Il faut qu'un eſprit mâle & ſolide à la fois,
Par des preuves de faux, nous range ſous ſes loix.

Les crédules Chrétiens ne ſont point infaillibles ;
Tu veux des Écrivains, témoins incorruptibles,
Sages, ſans intérêts, & dont l'autorité
Atteſtent de ce fait l'exacte vérité.

Regarde mes témoins ; le ſang de l'Idolâtre
De ſes flots inonda du monde le Théâtre :
Dans les bras de la mort les Grecs & les Romains
Sont des témoins plus ſûrs que tous les Écrivains.
Du Chrétien ſur les cœurs, quelle force ſuprême !
On dit çe que l'on veut ; on ne meurt pas de même :

A soutenir l'erreur qui put les engager ?
Oui, j'en crois des témoins qui se font égorger.

QUELLE est de *Spinosa* la folle rêverie ?
L'Evangile, à son gré, n'est qu'une allégorie :
Du Rabinisme obscur portant le vain flambeau,
Jesus né, nous dit-il, mort, sorti du tombeau,
Voiles mystérieux de traits emblêmatiques,
Instruisent les Chrétiens de trois Dogmes mystiques,
Que Paul avoit appris du vieux Gamaliel,
Alors qu'il instruisoit les Enfans d'Israël.

VOLTAIRE, ne crois pas que j'ose à l'Incrédule
Supposer ce systême insensé, ridicule ;
Tels sont les vains efforts qu'a fait l'Impiété,
Sur ses débris confus régne la vérité.
Tel on voit de la nuit dissipant l'ombre noire,
Le Soleil éclipser de mille Astres la gloire,
Et Monarque brillant de l'Empire des airs,
Féconder la Nature & charmer l'Univers.

Fin de l'Anti-Uranie.

AVIS SINCERES

DONNÉS

 DE VOLTAIRE,

O U

RÉFLEXIONS CRITIQUES

Sur différens Ouvrages de ce célebre Auteur.

AVERTISSEMENT.

IL y a deux ans que nous aurions fait part au Public de ces Couplets, que nous donnons aujourd'hui fous le titre d'*Avis finceres donnés à M. de Voltaire*, &c. fi nous n'avions pas jugé à propos de les mettre à la fuite de l'*Anti-Uranie*, &c. dont l'impreffion a été retardée jufqu'à préfent par des raifons particulieres. Ce n'eft point comme ennemis de M. *de Voltaire* que nous expofons ces Ouvrages au grand jour. Nous nous flattons, au contraire, d'être au nombre de fes admirateurs, dans la plus grande partie de fes Œuvres. Mais fi le hafard veut qu'il nous faffe quelques reproches, nous lui répondrons, qu'il ne peut s'en prendre qu'à lui-même. Qu'un Homme d'un efprit auffi fublime & auffi rare, & qui fe pique d'être le plus grand Génie de fon fiécle, par fes talens en tout genre, devroit plutôt employer fa plume à écrire pour le foutien de la Religion, qu'à la détruire : nous en avons des exemples, non-feulement dans l'*Epître à Uranie*, (quoique cet Ouvrage odieux n'ait jamais

G iv

été avoué de M. *de Voltaire*,) mais encore dans quelques Drames de fa compofition. Faut-il que les maximes pernicieufes dont ils font femés, foit fur la Religion, foit fur les mœurs, foient applaudies ! *ô tempora ! ô mores !* Tel eft le goût de ce fiécle frivole. Souvent même le Lecteur eft féduit par le ftyle éblouiffant & vigoureux dont certains paradoxes font écrits : ces paradoxes pourtant corrompent & l'efprit & le cœur.

Le P. *Caftel*, faifant un parallele de *Bayle* avec M. *Rouffeau* de Genève, dit avec raifon, que dans fa Morale dangereufe, *Bayle* avoue en avoir trouvé la fource dans les Auteurs qu'il cite ; & que M. *Rouffeau*, dans fes paradoxes outrés & hardis, n'avance rien que d'après lui - même. Ne fuivroit-il pas, en cela ; le fentiment de M. *de Voltaire*, qui ne cite, non plus que M. *Rouffeau*, aucun Auteur ? Le P. *Caftel* conclut de-là, qu'on pourroit douter aux fentimens erronés de *Bayle* ; mais qu'on ne croit point à ceux de M. *Rouffeau* ; & nous, nous ofons dire qu'on n'ajoutera pas plus de foi à ceux de M. *de Voltaire*.

AVIS SINCERES

DONNÉS

A M. DE VOLTAIRE,

OU

RÉFLEXIONS CRITIQUES

Sur différens Ouvrages de ce célebre Auteur.

Les Couplets qui fuivent peuvent fe chanter fur l'air des Trembleurs.

NE Beauté qui s'ignore,
Qui ne fçait pas que l'Aurore,
Eſt fa Rivale, avec Flore,
De fon brillant coloris:
Dont l'aimable caractere
Enchaîne même à Cythere,
Les Graces près de leur Mere :
Il faut lui donner le prix.

POURQUOI le charmant *Voltaire*,
Né pour éblouir & plaire,
De cette simple Bergere
N'a-t-il pas suivi les mœurs ?
Il eût enchanté l'Europe,
Égalé *Racine* & *Pope* ;
L'Auteur touchant de *Mérope*
Eût enlevé tous les cœurs.

❀

PEUT-ON voir sa *Crépinade* ;
Contre *le Franc* sa tirade,
Quand on a lu l'*Henriade*,
Sa *Zaïre*, son *Brutus* ?
S'il n'a pas du grand *Corneille*
L'esprit mâle & la merveille,
Par ses Vers il nous réveille
Lorsque *Corneille* n'est plus.

❀

S'IL étoit né de Bysance,
Eût-il avec impudence
Bravé la folle croyance
Du vieux Moufti, des Dervis ?
Sur le plus profond Mystere,
Pour lui, préjugé vulgaire,
Arrouet devoit se taire,
Et laisser Chrétien PARIS.

❀

LAISSE le Chriſtianiſme,
Abandonne ton Déïſme,
Tu choques par ton ſophiſme
Le Spinoſiſte entêté :
Le Spinoſiſte indocile
Traite *Arrouet* d'imbécille,
Qui s'amuſe à l'Evangile,
Sans prouver la Déïté.

❦

PAR prompte métamorphoſe,
Le Rien fut donc quelque choſe,
Et *Voltaire* nous propoſe,
Ce dogme en Déïſte ſaint,
Du Chrétien .... toi, Plagiaire ! ...
Prouveras-tu ce Myſtere ?
Que ne crois-tu donc, *Voltaire*,
Ce que croit un Capucin ?

❦

TU crois la vertu, le vice ;
Tu crois donc gloire & ſupplice,
S'il eſt un Dieu qui puniſſe,
Juge dans l'éternité :
Il nous faudroit donc, *Voltaire*,
Démontrer ce dogme auſtere,
D'un Dieu l'amour, la colere,
De l'homme la liberté.

❦

D u Moine que je méprise ,
Du Prêtre qui scandalise ;
Que m'importe la sottise ,
Ou qu'un Pape soit vaurien ?
J'attends de toi la lumiere ;
Tout ici-bas est Mystere :
Ton Dieu brusque ma paupiere ;
Prouve , ou je ne crois plus rien.

P e n s e s - t u que tout le monde ;
Dans l'erreur la plus profonde ,
De ta brillante faconde
Admire tous les Écrits :
Le Manichéen farouche ,
Spinosa que rien ne touche ;
Le Nihiliste à l'œil louche ,   .
De tes propos sont surpris.

Q u a n d on veut que l'évidence
De tout culte soit l'essence ,
C'est la plus grande imprudence ;
Sans prouver rien , de jaser :
Voltaire , pauvre Déiste ,
De toi rit le Spinosiste ;
L'indifférent Nihiliste
Te lit pour te mépriser.

PAR sémestre sois Prothée,
Sois Chrétien, Déïste, Athée;
Embrouillé dans ta fusée,
Débrouille-la, si tu peux :
A ton gré, fais un système;
Mais n'en parle qu'à toi-même,
Respecte la Loi suprême
Du bon-sens, des Rois, des Dieux.

PRÉDICANT sexagénaire,
Contre le Christ & sa Mere,
As-tu pensé pouvoir plaire
A mille Peuples divers ?
Quoi ! de ta main infidelle
Sort ton infâme *Pucelle :*
L'âne, vainqueur de la Belle,
Est le Héros de tes Vers.

LAISSE ton sale Grimoire,
Dans le Temple de Mémoire,
Ne va pas ternir ta gloire
Par tes cyniques transports :
C'est un avis salutaire,
Que l'ami le plus sincere
Donne au célebre *Voltaire,*
Petit Roi des Esprits forts.

Du Théâtre vaine Idole,
Sûr de ton siécle frivole,
Va-t'en, *Voltaire*, à l'École
Des *Racines* créateurs :
Dénouement presque semblable,
Traits usés & même fable,
Te laissent, *Voltaire* aimable,
Au second rang des Auteurs.

✵

Quelle fable hétéroclite !
Henri parle à ton Hermite,
Et par lui connoît la suite
De ses glorieux travaux :
Un Moine qu'un froc échine,
Plein de crasse & de Doctrine,
Te sert de vile machine
Pour convertir ton Héros.

✵

Quel Homme avec moi s'escrime ?
Mon *Henriade* est sublime,
Dis-tu ; quoi ! me faire un crime
De mon Hermite Normand ?
Un grand Seigneur de la France,
Reconnu pour sa vaillance,
Fuyant des Cours la licence
Devoit voir Henri le Grand.

✵

CHEVILLE à ton Épopée,
Ton Hermite eſt la poupée
De la belle *Déjopée* ,
Qui devient laide par l'art :
Un Héros digne de l'être,
Devant le tien dut paroître,
Dans HENRI chérir ſon Maître;
Comme lui parler ſans fard.

⚜

QUAND tu veux jaſer phyſique ,
Parle à ta Niéce *Angélique* ,
Ton cerveau philoſophique ,
En ſçait aſſez pour cela :
Mais , dit le bon *la Fontaine* ,
Savetier , prends ton alêne ;
Suis ton talent , Frere *Etienne* ,
Reſſemele , & t'en tiens là.

⚜

DANS ta merveilleuſe extaſe,
Déployant avec emphaſe ,
Quatre jarrets de Pégaſe ,
Te dit un vieux Palfrenier :
Sot Ecuyer , Mons *Voltaire* ,
Pour cette faute groſſiere ,
A coups de mon étriviere ,
Je te fais Dieu renier.

⚜

D'u N E aile vive & légere ,
Vole le brillant *Voltaire* :
Grand Auteur , grand Plagiaire ,
Eût-il charmé nos Ayeux ?
En tout genre il se diftingue ;
Il donne à fa vieille Bringue ,
A Pégafe , quand il fringue (1) ,
Quatre jarrets très-nerveux.

C H A S S É , profcrit , Ubiquifte ,
Sçavant Encyclopédifte ,
Phyficien , Moralifte ,
Grand Poëte , Hiftorien :
Fais des Vers , voilà ta gloire ;
Mais au Temple de Mémoire ,
Gravera-t-on ton Hiftoire ?
Non , non , non ; je n'en crois rien.

---

(1) *Nous nous fommes déterminés à nous fervir ici de cette expreffion , parce que le célebre M. de Voltaire s'en eft fervi lui-même , & qu'il dit dans fon Poëme intitulé* le Pauvre Diable :

Nous faifons cas d'un Cheval vigoureux ,
Qui , déployant quatre jarrets nerveux ,
Frappe la terre , & bondit fous fon Maître.

T A

Ta Profe coulante eft belle;
Mais fur les faits, peu fidelle,
Varillas fut ton modele;
Mentir étoit fon métier:
Comme toi, brillant, frivole,
De fon fiécle il fut l'Idole;
Ses Écrits, jouets d'Éole,
Se vendent chez l'Épicier.

D'anecdotes, folle Hiftoire,
Corrige ton faux Grimoire;
Ton état feroit accroire
Ton impartialité:
Si l'Hiftorien renie
Religion & Patrie,
M'a dit un mordant génie;
Voltaire dit vérité.

De tout fage Miniftere,
L'ame eft le fecret févere;
Et le petit *de Voltaire*
A tout entendu, tout vu:
Parafite du grand monde,
Dont l'ignorance eft profonde,
On croiroit à ta faconde,
Que le fecret t'eft connu.

H

A fa Table , fi par grace
Un Grand te fit donner place ;
C'étoit lorfqu'il fe délaffe
De fes pénibles travaux :
Une Épigramme jolie ,
Une brillante faillie ,
C'eft l'amufante folie
Des Miniftres , des Héros.

SOUVIENS-TOI donc, Mons *Voltaire,*
Qu'au rang du fimple vulgaire ,
De l'État , du Miniftere ,
Tu ne fçauras jamais rien :
Petit *Boffuet* moderne ,
Hiftorien fubalterne ,
Un Roi qui voit , qui gouverne ;
Peut feul être Hiftorien.

SI tu mords , on peut te mordre ;
D'un mot te mettre en défordre ,
Donner du fil à retordre
A ta brûlante fureur :
Un homme d'efprit , *Voltaire,*
Connu , comme toi , fur terre ,
De fa verve attrabilaire
Devroit arrêter l'ardeur.

Fuis de la Métromanie
Le Chien, s'il entre en furie,
De *Piron* crains la faillie,
Ne lui donne plus ton cœur :
Il te le rend ; c'eft un traître,
Sorti du fac de ton être,
Ce cœur ne doit pas paroître
Aux yeux d'un Homme d'honneur.

De *Piron* crains les caprices ;
Que de Vers, cornets d'épices,
De ton Château des délices
Se répandent dans Paris !
De ton Porte-feuille antique,
Tancrede eft le fruit gothique ;
Des Mufes grand empirique,
Garde mieux tes beaux Écrits.

Tancrede à la fin fublime,
Dis-tu, mérite l'eftime
De *Piron le Magnanime*,
Des Rois, du Peuple & des Grands :
Crois-nous, conferve ta gloire,
Cache bien dans ton armoire
Quelques Vers d'une mâchoire
Qui brilloit dans ton Printems.

TELLE une vieille Coquette,
Qui devroit faire retraite,
Veut jouer à l'amourette,
Et captiver les Amans :
Le fard couvre fon fquélette ;
Tous les cœurs font fa conquête,
Et fi l'on l'en croit, d'*Annette*
Elle a tous les agrémens.

PRÊT de finir fa carriere,
Anacréon fçavoit plaire,
Et d'une tendre Bergere
Amufer les doux loifirs :
Imite-le, cher *Voltaire* ;
Quitte ta Mufe Mégere,
Et d'*Églé*, fur la fougere,
Chante les Jeux, les Plaifirs.

DANS la Jeuneffe fleurie,
Si par l'amour attendrie,
Ton ame à préfent flétrie
Eût époufé la Beauté :
On te verroit plus aimable,
Au lieu de chanter le Diable,
Chercher à rendre durable
Un moment de volupté.

Du défert du Mont Parnaſſe,
Chouette que l'on agace,
Une foible populace
Te menace de ſon bec:
Fais du beau; laiſſe-les dire:
Mais leur piquante Satyre
Naît de ton art de médire
D'un ton très-aigre & très-ſec.

Dieu du Goût, viens, je t'implore;
Voltaire ſe deshonore;
Un vil bavard que j'ignore,
Eſt l'objet de ſon courroux:
Quoi! du ſiécle le génie,
S'avilit, s'irrite & crie;
De *Freron*, la Rapſodie
Le trouble, & le rend jaloux.

Que t'a fait *Trublet*, bon Homme;
Que dans ton *Diable* on aſſomme;
Le *Berthier* que l'on renomme,
Sont-ils gens dignes de toi?
La vanité n'eſt pas vice;
C'eſt la Déité propice,
Dont le Ciel, avec juſtice,
T'a fait préſent comme à moi.

P A R ta tête turbulente,
Et par ta verve indécente,
Crois-tu donc remplir l'attente
De tes vrais admirateurs ?
Le grand Homme est trop modeste,
Pour verser un fiel funeste ;
Corneille, ou l'Auteur d'*Oreste*,
Sont-ils tes imitateurs ?

L A plus basse jalousie,
La mordante frénésie,
L'odieuse apostasie,
Sont-ce les mœurs de *Milton* ? (oui.)
Au Chrétien, à chaque page,
Affectant de faire outrage,
Ou de rimer avec rage ;
Est-ce être un grand Homme ? Non.

R E C O N N O I S la Loi divine ;
De l'aigreur qui te fascine,
Le tendre & charmant *Racine*
A-t-il exhalé le fiel ?
L'ame simple & la plus belle,
Jamais il n'eut de querelle ;
Jamais sa plume immortelle
N'attaqua l'Homme ou le Ciel.

DÉDAIGNANT ce grand modele,
Par une route nouvelle,
Du Théâtre la féquelle
Marche à préfent fous tes loix :
Mais ta mine fe refrogne,
Te dit *Boileau*, qui te lorgne ;
Chez les Aveugles, un Borgne
Se croit le plus grand des Rois.

DE tes Vers le tour facile ;
Et le clinquant de ton ftyle ;
Aux yeux d'un Siécle futile
Ont fait fortune un moment :
Si le Dieu du Goût fommeille ;
Prends garde qu'il ne s'éveille,
Et ne te dife à l'oreille,
Tu m'as quitté, mon Amant.

A préfent tout m'abandonne ;
Toi feul, pouvois de mon thrône ;
De ma brillante couronne,
Venger, foutenir les droits :
Le fiécle où l'on me renie,
A gâté ton beau génie,
Du goût nouveau la manie
T'a fait oublier mes loix.

Ne crois pas qu'à la fatyre
Jamais je puiffe fourire ;
La douceur de mon empire,
Ignore ce noir poifon :
A mon École fublime ,
Les grands Hommes que j'eftime
N'ont jamais fait une rime
Que pour charmer la raifon.

※

Mon Fils , ta belle Jeuneffe
Fut l'efpoir de ma vieilleffe ,
Du beau fiécle que je laiffe ,
J'ai cru revoir le Printems :
Mais ton efprit trop volage ,
L'amour des fots de ton âge ,
Et ton indécent langage
M'affligent dans mes vieux ans.

※

Impétueux Volontaire ,
Je t'en ai laiffé trop faire ;
Mais en dédaignant ton Pere ,
Mon Fils , qu'es-tu devenu ?
Le mépris couvre ta face ;
Et pour comble de difgrace ,
A la vieilleffe de glace ,
Ton Squélette eft parvenu.

※

Déja la nuit éternelle
Éteint ta vive prunelle,
Et le tems qui te harcelle,
Éguise pour toi sa faulx :
Fais le bien, cesse d'écrire ;
Un Dieu va bientôt t'instruire,
Sur un point qui t'a fait rire,
Et qui fait peur aux dévots.

Déja je vois un bon Prêtre,
Sur ce terrible peut-être,
Faire frissonner ton être,
Et t'ouvrir l'Éternité :
Je te vois son Prosélite,
Prier Dieu comme un Hermite,
Expirer dans l'eau-bénite,
Et perdre ta fermeté.

L'imagination vive,
L'ame coupable & craintive,
Tu trembles qu'on ne survive
Au moment du noir trépas :
En santé, ton ame altiere
Méprise le sot Vulgaire ;
Malade, lâche *Voltaire*,
Tu vois l'Enfer sous tes pas.

LA peine, sous un Dieu Pere,
N'eſt, dis-tu, que paſſagere ;
Punira-t-il en colere,
Toujours l'erreur d'un moment ?
De l'arrêt que rien n'élude,
As-tu quelque certitude ?
Quelle affreuſe inquiétude
Sur le genre du tourment !

* * *

UN Ange qui te conſeille,
T'a dit, ſans doute, à l'oreille,
La viſion, la merveille,
Des peines après la mort :
L'Enfer.... tu ne le peux croire ;
Tu crois donc le Purgatoire,
Et de ces feux à la gloire
Tu voles ; bénis ton ſort.

* * *

TU crois la vertu, le vice ;
S'il eſt un Dieu, ſa juſtice
Doit punir l'un ſans caprice,
Donner à l'autre les Cieux :
Toi, qui traites de fadaiſe
De l'antre éternel la braiſe ;
Une légere fournaiſe
Va griller un vicieux.

* * *

M A I S de ta belle Doctrine,
Hobbès révolté, badine,
Rit d'un Dieu d'humeur chagrine,
Rit de l'Immortalité:
Sors de la nuit du sophisme;
Quand on admet le Déisme,
On peut du Christianisme
Respecter l'obscurité.

⚜

S I le Ciel ne se révele,
En deux mots te l'a dit *Bayle*,
Toujours la raison chancelle,
Et ne peut admettre un Dieu :
Digne du fiel de ma bouche,
Dieu seroit un Dieu farouche,
Plus stupide que la souche
Que je jette dans mon feu.

⚜

E H ! quel parti veux-tu prendre ?
Avec ton ame si tendre,
Voltaire, peux-tu comprendre
En Dieu la haine un moment ?
Si l'Homme est son fol ouvrage,
Manès a tout l'avantage ;
A deux Dieux rends ton hommage;
L'un est bon, l'autre méchant.

⚜

Il faut, outre le Déifme,
Le fage Chriftianifme,
Et le fombre Spinofifme,
Choifir, ou n'être plus rien ;
C'eft l'embarraffante affaire,
Que fur fes vieux jours, *Voltaire;*
Nous va rendre la plus claire
Pour notre bien & le fien.

⚜

Avec *Lucrece, Épicure;*
Dans les bras de la Nature ;
Endors ton fang de Mercure,
Ton ame pleine de feu :
Regard égaré, front blême ;
Je te vois au jour fuprême,
Renoncer à tout fyftême,
Et douter s'il eft un Dieu.

⚜

Sous les Loix d'un Pere aimable ;
D'un Dieu toujours équitable,
Regarde l'Homme coupable,
Et victime de la mort :
Le Chrétien feul développe
La grande énigme de *Pope ;*
Trop fouvent la raifon choppe
Pour expliquer notre fort.

⚜

INQUIETTE, curieuſe,
L'aveugle eſt ambitieuſe,
La Raiſon foible, orgueilleuſe,
Oſe s'élancer aux Cieux :
Tel au Cabaret l'Yvrogne,
Plein du Nectar de Bourgogne,
Croit que ſa vermeille trogne
Égale les Rois, les Dieux.

GRAND Orateur le Déïſte,
Le révoltant Spinoſiſte,
Aux yeux d'un fier Nihiliſte
Sont les plus ſots des Mortels :
L'un partiſan du myſtere ;
L'autre nourri de chimere,
Vont-ils nous montrer, *Voltaire*,
L'Être qui veut des Autels.

ABJURANT tout vain ſyſtême,
Si tu rentres dans toi-même,
De *Bayle* le grand Dilême
Doit t'ébranler comme moi :
Du doute le fou délire,
Eſt-il fait pour nous inſtruire ?
Montagne ne peut me dire
Ce qu'il ſçait, non plus qu'à toi.

Mais tout l'Univers fe trompe;
Voltaire, embouche la trompe,
Pour annoncer avec pompe
Les erreurs du genre humain :
Toi-même foible & crédule,
Leve d'*Hobbès* le fcrupule;
Il rit d'un Dieu ridicule,
Et le déthrône foudain.

❦

L'Intérêt de fon propre être
Eft de l'homme le grand Maître,
Sans s'occuper d'un peut-être,
Trifte écueil de fon bonheur :
La vertu change de mode,
Et le vice auffi commode,
Malgré le Ciel & le Code
Ceffe d'infpirer l'horreur.

❦

A ta Loi de la Nature
Donnant une enluminure,
Par Vers faits à l'aventure,
As-tu confondu *Wofton* ?
Hobbès ne te fait point grace,
Et *Colins*, fur le Parnaffe,
Croit voir le Pere *Pancrace*,
Qui lui débite un Sermon.

❦

AMUSE-NOUS, imagine,
Des jeux deviens la machine ;
Mais pour parler de Doctrine
Ne t'en avife jamais :
Ton métier, ta grande affaire,
C'eft de tâcher de nous plaire ;
Si ta Mufe mercenaire
Veut fe rembourfer des frais.

FIN.